Boualem Sansal

Vivre
Le compte à rebours

Gallimard

Boualem Sansal est né en 1949 à Theniet el-Had, et vivait à Boumerdès, près d'Alger, jusqu'à son arrestation en novembre 2024. Aux Éditions Gallimard, il est notamment l'auteur du *Serment des barbares* (prix du Premier Roman 1999) et du *Village de l'Allemand* (Grand Prix RTL - *Lire* 2008 et Grand Prix SGDL du roman 2008). Il a reçu le prix de la Paix des libraires allemands (Friedenspreis des Deutschen Buchhandels) en 2011 et le prix du Roman arabe en 2012 pour *Rue Darwin*. Il s'est vu décerner, pour l'ensemble de son œuvre, le Grand Prix de la francophonie de l'Académie française en 2013 ainsi que le prix Constantinople en 2023. *2084 : La fin du monde* a été récompensé par le Grand Prix du roman de l'Académie française en 2015 ; et *Abraham*, par le prix Méditerranée en 2021. *Vivre*, son dernier livre, également aux Éditions Gallimard, a paru en janvier 2024.

Si vous avez appris à mourir,
alors profitez de cette lumière
pour apprendre à vivre.

Tous les fleuves vont à la mer
et la mer n'est pas remplie.

Ecclésiaste 1:7

PREMIÈRE PARTIE

DES SIGNES DANS LE RÊVE

Hommes de peu de foi, pourquoi doutez-vous ?

Matthieu, 14:31

J-763

La nuit du destin

Je le sentais, c'était irrépressible, inévitable, quelque chose d'énorme allait se produire, aujourd'hui même, et changer brutalement le cours de ma vie... Et le cours du monde. L'angoisse qui m'épuisait depuis cette nuit fatidique allait exploser. Ce jour était arrivé.

Ce matin, une force m'avait attiré dans cette rue paisible du XIe arrondissement de Paris. Je ne la connaissais pas. Je m'y trouvais parce que je me suis oublié dans le métro, occupé que j'étais à ruminer de méchants pressentiments, et que je suis descendu deux stations plus loin. Ayant du temps devant moi avant mon rendez-vous à Nation, j'ai choisi d'effectuer le trajet inverse à pied. J'avais besoin de marcher, de me détendre. En sortant de la bouche du métro, mon regard a été attiré par une inscription tracée en gras et en rouge à même la vitre d'une fenêtre du premier étage de l'immeuble d'en face. Une annonce de vente, de location? En accommodant mon regard j'ai lu... J-780 et au-dessous J-763. !?!?!?!

Je me suis arrêté net, brisant le mouvement impétueux des usagers. Mon Dieu!… Mais… Qu'est-ce là?… C'est fou… Ce n'est pas possible! L'inscription n'avait pas un atome de sens, pour personne au monde, sinon pour son auteur et pour moi chez qui elle a soudainement pris une dimension apocalyptique. Ce signe, J-780, le compte à rebours qu'il suggère, me hante depuis cette fameuse nuit, il y a deux semaines. Il est absolument impossible qu'il soit là par le fait du hasard, de quelque façon qu'on le torde pour que le résultat ait une quelconque forme de réalité. Sous le choc, mes yeux se sont brouillés et je suis parti à la renverse. Une dame derrière moi dans l'escalier m'a retenu. J'ai entendu: «Ça ira, monsieur?», puis: «Vous devriez vous asseoir et attendre que ça passe.» Ce que je fis, en la remerciant d'un pauvre regard.

J'ai erré dans le quartier, complètement sonné, j'ai fait le pied de grue devant l'immeuble, le regard fixé sur cette mystérieuse fenêtre, espérant un signe, quelque chose qui viendrait me réveiller, m'expliquer, me donner à rire de moi pour avoir d'un rien fait une montagne. Mais quelle montagne!

J'ai abandonné mon rendez-vous à Nation et je suis rentré chez moi. Je téléphonerais pour m'excuser. Je me sentais mal, je voulais être seul, réfléchir. Ce qui depuis dix-sept jours était une hallucination qui me pourrissait l'existence, un

14

cauchemar éveillé qui mettait de la grisaille dans mon quotidien, prenait subitement corps, devenait réalité, le début d'une réalité impossible, car une coïncidence n'est pas une certitude, mais cette coïncidence-là était si infiniment improbable qu'elle valait toutes les certitudes du monde. Une bascule fantastique s'était opérée, je ne sais où, pas dans notre monde soumis à des logiques arithmétiques dans lesquelles le hasard n'a de réalité que lorsqu'il s'explique et vient confirmer des schémas approuvés. Personne sur Terre ne pouvait connaître ce compte à rebours que je déroulais dans ma tête depuis dix-sept jours. Qu'est-ce à dire ? Serais-je dans une sorte d'intrication quantique avec l'auteur de l'inscription, comme les jumeaux monozygotes qui ressentent les mêmes affects par-delà la distance qui les sépare ? Qui est-il, ce frère inconnu ? Pourquoi fait-il cela, a-t-il été le jouet de la même hallucination que moi ? À qui s'adresse-t-il en affichant ce symbole, menaçant par son aspect, la couleur rouge vif et sa froideur numérique ? Quelle est cette force, cette intention, qui m'a dévié de ma route et conduit devant sa fenêtre ? Et mille autres questions empoisonnées.

Encore une fois, comme chaque soir, j'ai tourné le film dans ma tête à la recherche d'un signe qui m'aurait échappé. La Vision a commencé cette nuit, il y a dix-sept jours, quand dans la profondeur de mon sommeil une sonnerie a retenti dans ma tête, et qu'aussitôt j'ai été enveloppé d'un cocon de lumière intense, mais douce, apaisante, qui, instantanément, sans secousse aucune, s'est élancé dans le vide à une vitesse si vertigineuse qu'aucune lumière de l'espace ne pouvait le rattraper. J'étais une bulle de lumière dans un trou noir qui emplissait l'Univers. Il y avait là tous les ingrédients de l'expérience de la mort imminente telle que racontée par ceux qui l'ont vécue, le tunnel noir, la lumière intense au bout, des ombres qui tournent autour du défunt, lui parlent, le rassurent, lui disent que son heure n'est pas arrivée, qu'il doit retourner sur Terre, poursuivre son parcours de vie. Je crois avoir pensé qu'il y avait quelque chose de fabriqué, comme dans un film d'amateur, pas d'émotion dans ce rêve alors que je me trouvais dans l'antichambre de la mort. J'étais comme ces défunts dont l'âme, libérée du corps, flotte au-dessus du sol et regarde sans comprendre ce qui se passe dans la pièce, ces personnes qui pleurent autour d'un corps inerte, leur propre corps, et d'autres habillées de blanc qui s'affairent méthodiquement, et d'autres qui observent de loin. Il m'a semblé avoir eu envie de m'éloigner de cette désolation et de me fondre dans le Grand Tout, expression insignifiante dans notre petit monde. Alors que le voyage venait de commencer s'imposa à moi l'idée qu'il durait depuis une éternité et qu'il se poursuivrait dans une autre éternité. Pourquoi l'ai je ressenti comme ça ? C'est un déchirement de se sentir tiraillé entre trois états, la vie, la mort et le non-être, entre le rêve, la fiction et la réalité, qui échangeaient entre eux sur un mode abstrait dépassant l'entendement humain.

Il y eut une sorte de brouhaha, un changement de rythme, une secousse, puis j'ai senti quelque chose de froid s'insinuer en moi… Quoi… mais oui, on trifouillait dans mon cerveau ! Était-ce vrai ? J'ai pensé à ces récits d'hommes et de femmes, qui auraient été enlevés par des Extraterrestres pour effectuer sur eux des expériences scientifiques. Parce que la manipulation mentale est une des grandes frayeurs de notre époque de surveillance électronique mondialisée, j'ai imaginé qu'une organisation secrète implantait dans mon cerveau un microprocesseur qui se déclencherait sur un clic et ferait de moi un périphérique connecté via le wifi à un calculateur central omnipotent. Mais comment ? Là j'ai été envahi dans mon sommeil, dans mon lit, par une pensée étrangère et non capturé sur un chemin de campagne par de solides Extraterrestres armés de rayons paralysants.

Dans cette nuit du destin a commencé un mystérieux compte à rebours. Ainsi ai-je interprété le signe J-780 qui est apparu dans la bulle de lumière et s'est incrusté dans les profondeurs de mon cerveau. À cette distance neuronale, nous n'avons pas d'outils pour explorer et pas de mots pour dire. On regarde sans comprendre. Au-delà de nos frontières, nos pauvres mots nous permettent au mieux de nommer nos ignorances. Comment trouverions-nous la vérité sur ces chemins aberrants ? Je pensais être le seul au monde à avoir vécu pareil événement, que je n'ose appeler cauchemar parce que inquiétant car il était aussi agréable et apaisant, et voilà qu'il concerne une autre personne, à huit stations de métro de mon domicile, et pourquoi pas des milliers à travers le monde. C'est une loi de la physique, dès qu'on sort du singulier, on entre dans le pluriel, dans le bazar du reproductible à l'envi. Quelque chose me dit qu'il ne s'agit pas de nous, des êtres éphémères et ennuyeux, mais de l'humanité, de son devenir et de son monde. Il y avait tant d'images entremêlées et de fulgurances dans mon rêve que j'en étais groggy. Il fallait que ça décante. Au contraire ça se brouillait, s'embrouillait. J'ai pensé que l'application avait cette fonction de mettre de l'ordre dans mon cerveau pour que peu à peu, au terme d'une phase d'apprentissage, le message soit développé dans son étendue et sa cohérence. C'était un retour à l'enfance, on me préparait au processus vital de la vie, mais pour une autre vie : emmagasiner pour apprendre, apprendre pour savoir, savoir pour comprendre, comprendre pour vivre... et mourir.

Le lendemain dans la cuisine, alors que je prenais un café pensif, j'ai dans un geste réflexe saisi mon feutre rouge et écrit sur le frigo : J-780. Puis j'ai rectifié, J-779, puisqu'un jour était passé. J'ai eu un pincement au cœur. S'il y avait du vrai dans cet impossible scénario, on se rapprocherait de quoi ? Que va-t-il se passer dans sept cent soixante-dix-neuf jours ? Que va-t-il nous arriver ? Depuis, chaque matin, j'actualise le compte à rebours et je me pose les mêmes questions et je nourris de sourdes angoisses plus compliquées d'un jour à l'autre.

*

Demain, dimanche, la journée morte de la semaine, je retournerai dans le XIe voir si le compteur de mon partenaire inconnu était synchronisé au mien et si la force qui m'a emmené dans sa rue a eu son effet chez lui en vertu du principe d'intrication... ou d'un autre lien de causalité.

J-762

Le sort en est jeté

Plus on est sûr de l'imminence d'un événement, plus l'attente est fébrile et plus on tremble à l'idée qu'il ne se passe rien. En sortant de la bouche du métro, j'ai hésité avant de lever le regard vers la mystérieuse fenêtre. Miracle, le compte y était : J-762 ! C'est une des maladies chroniques du regard humain, il ne lui faut jamais longtemps pour faire passer l'accessoire avant l'essentiel. Savoir si mon partenaire du XIᵉ arrondissement avait accordé son compte à rebours a poussé au second plan le fond de l'affaire : l'extraordinaire phénomène dont nous étions les jouets, peut-être les instruments, ou les premiers apôtres pourquoi pas, ce mystère qui nous tombait sur la tête ressemblait déjà à un miracle, et qui dit miracle n'est pas loin de dire religion et ce qui s'ensuit, des promesses, puis des menaces et des malheurs jusqu'à épuisement. Confronté à l'inaccessible vérité du monde, c'est finalement faire preuve de bonne intelligence que d'aller à l'accessoire, pour, du plus simple au plus compliqué, cheminer vers l'essence des choses si on le peut, jusqu'à Dieu s'il le veut. Que m'arrivait-il, je pensais en philosophe soucieux au lieu de m'en tenir à la réalité des faits et à leurs possibles conséquences ici et maintenant.

J'ai tiré de mon sac à dos un carton de 40×30 cm sur lequel j'avais tracé en gros caractères rouges J-780 et je l'ai brandi au-dessus de ma tête, face tournée vers la mystérieuse fenêtre, façon de dire «Eh là-haut, montrez-vous, j'en suis, moi aussi». Il restait à attendre. J'étais décidé à veiller toute la journée et revenir les jours suivants. Que pouvais-je faire de plus intelligent, forcer la porte de l'immeuble, sonner aux portes des appartements du premier étage et demander à parler à la personne qui avait tracé sur la vitre de sa fenêtre cet ultimatum au monde ou cet ultime appel à la repentance universelle avant apocalypse? Quoi d'autre? Les passants marquaient le pas, louchaient sur le carton, balayaient du regard l'immeuble, me dévisageaient, puis, hochant la tête ou haussant les épaules, poursuivaient leur merveilleux chemin d'hommes sans souci apocalyptique. Il s'en est trouvé un, ancien galérien reconnaissable à son dos voûté, qui, se souvenant sans doute de la belle époque des grandes luttes syndicales sans lendemain, m'a dit: «Si t'es seul, mon gars, t'as pas gagné!» C'était une chance, la rue était peu passante, je ne risquais pas de provoquer des attroupements et des bagarres pour s'adjuger les meilleures places et voir arriver les CRS.

L'attente n'a pas été longue. Une petite heure. Une ombre est apparue derrière la vitre, et aussitôt a ouvert la fenêtre. Un homme. Il m'a fixé avec de grands yeux, a souri comme s'il était touché par la grâce et d'un geste large du bras m'a invité à le rejoindre. Après dix-huit jours d'angoisse sourde, enfin un frémissement, un début de soulagement. Il fallait voir, mon alter ego pouvait éclairer ma lanterne mais il pouvait aussi ajouter son ignorance à la mienne et me détruire. Il était ma première et ma dernière chance. À moins de trouver une tierce personne qui viendrait nous apporter ses lumières, si la puissance invisible qui nous entraînait dans ses machinations avait été plus explicite avec elle.

Petite présentation de mes hôtes. Un couple de quadras. L'air intello des années soixante, ils portaient des lunettes d'époque, des babouches de nomades et des vêtements chiffonnés. Ils sont américains, ce n'est pas si banal, ils ne courent pas les rues de Paris en saison basse. Il s'appelle Jason, il travaille dans les systèmes de guidage électronique pour une compagnie américaine opérant en Europe, la célèbre CSGE, il est de la côte Ouest. Elle, c'est Helen, elle est dans l'informatique dans une compagnie également américaine en affaire avec le gouvernement français, elle est de la côte Est. Ils ont une grande fille de seize ans, Jolene, aux dernières nouvelles elle vadrouillerait du côté de l'Asie du Sud avec son copain, allant d'un ashram pour touristes blancs à un autre plus authentique. En France, on ne sort pas du quartier avant la majorité légale, l'Asie, ses mystères et ses mœurs pas possibles c'est pour après la retraite. Je leur ai dit que j'étais Paolo, Français de la côte Sud, que j'enseignais les maths à l'université et que ma compagne, Nelly, une native de la côte Nord, donc belge sur les bords, était prof de français dans la Zone, le sous-quartier le plus difficile du 9.3, et que nous étions comme eux de vrais quadras. Ils m'accueillirent comme si j'étais un phénomène, genre Alf l'Extraterrestre. C'était relatif, ils l'étaient davantage à mes yeux, moi je n'ai pas ameuté le monde avec mon compte à rebours, je ne l'ai pas jeté de mon balcon comme une bouteille à la mer au risque d'affoler les compatriotes, je me suis contenté de ruminer dans mon coin. C'est la différence entre un Américain et un Français, ils ne vivent pas dans le même espace-temps, ne partagent pas la même zététique et donc ne se racontent pas la vie et ses bobards de la même manière.

Comme il était trop tôt pour boire du Coca-Cola glacé, j'ai accepté une tasse de café américain, qui macérait calmement dans la cafetière électrique.

Comment raconter une histoire qui s'était déroulée dans un rêve n'ayant aucune apparence de rêve, mais au contraire qui ressemblait à une expérience de mort imminente, suivie d'un enlèvement symbolique par des Extraterrestres qui, ne pouvant communiquer avec moi de vive voix, auraient implanté dans mon cerveau un traducteur automatique censé, après un temps de rodage, permettre une communication fluide entre nous ? Puis j'ai dit comment je m'étais magiquement retrouvé dans leur rue, face à leur immeuble alors que je m'apprêtais à descendre à Nation. Qui croit à la magie à notre époque de rendement maximum, qui pourtant a fait le monde et ses merveilles ? Personne. Ceux qui ont l'habitude de louper leur train et de perdre leurs enfants dans la foule seront les premiers à me jeter la pierre, ils diront que s'oublier dans le métro est la ridicule habitude des paumés. Mais lorsque comme moi on se trouve dans une rue inconnue, nez à nez avec le mystérieux compte à rebours qui me poursuivait depuis deux longues semaines, on est obligé de penser à la magie, à Dieu, au diable, aux Extraterrestres, à l'emprise de quelque influenceur, à un problème de santé, une illumination épileptique, une crise d'autisme, une inflammation du cortex cérébral, un possible dérèglement de mon horloge interne par une éruption solaire comme cela arrive parfois aux oiseaux migrateurs et aux cétacés, qui en l'occurrence m'aurait déréglé le sonar et conduit à venir m'échouer dans cette rue du XIe à l'écart des Grands Boulevards et de leurs foules électrisées par la publicité des boutiques et les lumières chaudes de leurs brasseries. Tout fou qu'il est, ce signe sur la fenêtre est la preuve scientifique que je suis sain d'esprit et que j'ai bien été visité dans mon rêve par une entité intelligente agissante. Comme ma présence chez lui est pour Jason la preuve vivante de sa bonne santé.

Son rêve était plus fourni et plus violent que le mien. En Américain de la côte Ouest, nourri à l'écriture hollywoodienne, il a su en faire un récit digne de la meilleure Sci-Fi. Il m'a tenu en haleine d'un bout à l'autre. Il y avait de l'intrigue et de l'action dans son rêve, et quelle action, la fin de notre planète, avalée corps et biens par un trou noir erratique, pulvérisée par l'incroyable énergie de ce monstre galactique. Peu avant la fin, il a vu un vaisseau de feu surgir de la nuit infinie et dans d'immenses mouvements de panique sauver de l'humanité ce qui pouvait l'être ; il a vu que l'astronef était piloté par des humains et qu'il était parmi eux, ainsi qu'Helen. Étais-je du voyage ? Comment pourrait-il le savoir, on ne se connaissait pas à cette date. Mais peut-être était-il bon physionomiste. Probablement que oui, dit-il, puisque j'avais été comme lui destinataire du message. Pour me rassurer, il ajouta que le vaisseau avait embarqué plusieurs centaines de millions de personnes et que j'en étais sûrement. Jason n'a pas eu mal aux dents à proférer une telle énormité. Nos fusées peinent à mettre en orbite basse cinq cosmonautes bien serrés, on voit les efforts que nous devrions déployer pour un jour de gloire pouvoir aller jouer aux sauveurs d'humanités inconnues à l'autre bout de la galaxie. Comment comprendre cette histoire, elle est trop courte, elle nous dit quoi, que la Terre va disparaître, point, et que l'humanité sera évacuée dans un vaisseau envoyé à son secours par une entité inconnue. On commence par quoi si on y croit et qu'on veut être sauvé ?

L'autre possible hypothèse est que le message a été envoyé à un certain nombre de personnes – les *Appelés* les avons-nous baptisés – dont nous étions les premiers de la série ou les derniers, et qui seraient fatalement amenés par un moyen ou un autre à se reconnaître et à se rassembler. C'est bien ce qui est arrivé entre Jason et moi, une force m'a conduit devant son immeuble, comme une autre incitation l'avait conduit à signaler son existence en traçant sur sa vitre ce qui lui avait semblé être le meilleur signe de reconnaissance possible : le compte à rebours. Il a fait preuve d'une intelligence pratique tout américaine. De mon côté, j'ai ruminé en boucle, j'ai questionné des concepts théoriques, en attendant un signe du ciel, ou mieux une intervention efficace du gouvernement et de son administration. Comment l'idée lui était-elle venue ? Simple, il s'était vu en train de le faire dans un rêve, alors il l'avait fait au réveil. Mais on le sait depuis longtemps, le rêve n'a pas la même fonction dans toutes les cultures. Aux États-Unis, il sert à gagner de l'argent, en France, à en perdre.

Nous en étions là, à décrypter nos rêves et comparer nos élucubrations, alors que, l'heure d'avant, nous ne nous connaissions ni d'Ève ni d'Adam. Il y a de quoi méditer sur les trajectoires humaines.

Il y avait des points communs dans nos visions, elles s'étaient opérées durant notre sommeil nocturne. Le spécialiste du signal qu'il était l'expliquait par le fait que le cerveau est plus réceptif la nuit, que l'air y est moins chargé d'électricité, et que nos barrières psychiques sont abaissées. L'esprit sort de sa carapace et des paramètres ambiants, déploie ses antennes, capte les ondes célestes et les décode comme on décrypte les songes avec une clé. Les autres points communs étaient la présence de la mort et l'intrusion d'Extraterrestres dans nos cerveaux pour passer quoi, des ultimatums, des alertes ? À qui ? À nous seulement ? Aux Français, aux Américains, à tous les damnés de la Terre ? Et il dirait quoi, ce message : que la planète et une bonne partie de l'humanité disparaîtraient dans sept cent soixante-deux jours ? Comment avons-nous pu comprendre cela ? S'agissait-il bien de jours ? De jours terrestres ? Sept cent soixante-deux jours extraterrestres, c'est quoi sur Terre, un siècle, deux mois, quelques heures ? Nous n'aurions que ce temps à vivre ?

J'en viens au plus étrange : Jason et moi avions eu notre vision en même temps à J-780, dix-huit jours plus tôt ! En reconstituant le fil de cette soirée, nous sommes arrivés à la conclusion que l'intrusion s'était opérée entre une heure et deux heures de la nuit, probablement au même instant. L'autre incontournable conclusion est que le signal n'a été capté que par ceux qui possédaient les bonnes antennes, les bonnes fréquences cérébrales. Il y aurait d'autres critères, mais lesquels : l'âge des sujets ? La taille de leur cerveau ? La qualité de leurs filtres ? Leur religion ? La vitesse de telle sédimentation électrochimique ? Combien sont-ils, ces bons sujets ? Quelques-uns, une douzaine... des milliers... des millions ?

Il n'est pas possible qu'il y ait tant de personnes enrôlées malgré elles dans un projet galactique, incluant une apocalypse sur Terre, sans que nos gouvernements, nos experts en surveillance et nos médias si vigilants dans le service du roi ou de ses ennemis n'en sachent mot, n'en parlent pas, n'alertent pas. Nous devrions peut-être, du moins moi qui suis français, faire rapport au gouvernement. Il avisera. Il me libérera de l'angoisse qui m'épuise et créera une cellule d'aide psychologique pour me parler gentiment et me remettre sur les rails.

Parmi ceux qui ont été touchés, combien ont comme nous compris qu'un compte à rebours a été enclenché dans le ciel et ont déduit qu'il annonçait, ici-bas, sur notre belle planète, une fin considérable ?

Quand on n'est sûr de rien, on ne sait rien, la prudence commande de s'attacher à la promesse la plus mince. Ne pouvant descendre plus bas, on ne saurait être plus déçu. Dans la recherche de la vérité on est toujours dans les paradoxes de

Zénon, celui en particulier qui affirme que plus on cherche, plus on s'enfonce dans l'inconnu et moins on a de chances d'en sortir, et celui qui dit que plus on est sûr de vaincre, plus sûrement on sera battu par plus faible que soi. L'invincible Achille a été coiffé au poteau par une paisible tortue de jardin qui ne demandait rien, ne faisait montre d'aucune volonté de se dépasser, encore moins de surpasser l'invincible Achille. Horreur, comment vivre avec cette idée qu'avancer c'est atteindre plus vite la fin, et l'idée conséquente que savoir c'est accroître son retard et son ignorance. Bien nommer les choses les rend dangereuses. C'est l'Ecclésiaste qui l'affirme : « Celui qui augmente sa science augmente sa douleur[1]. » Il faudrait se contenter de ce que nous n'avons pas, mais cette aptitude est difficile à acquérir et il n'y a pas de courant philosophique connu pour l'enseigner. Jésus, au secours !

En vertu de cela, nous nous sommes tout dit sans avoir avancé d'un iota. Nous avions sur les bras un problème douloureux, insoluble à notre niveau, qui, à bien voir, n'existe que parce que nous nous y accrochons. Nous avons décidé de nous revoir dans quinze jours et de nous téléphoner aussitôt s'il y avait du nouveau. Notre conviction était que l'affaire ne pouvait en rester là et que les surprises ne manqueraient pas, jusqu'à la finale, $J = 0$, après quoi commencerait une autre

1. Ecclésiaste 1:18.

histoire, on entrerait dans le J + quelque chose. Dans cette perspective, le mystère de la rue du XIe aura été un caillou sur la route sans fin qui mène aux étoiles.

Oumuamua, mon amour

C'est une réalité toute bête, on ne se laisse accaparer que par ce qui nous passionne. Jason et moi n'avions jamais entendu parler de cet objet céleste, c'était l'affaire des amateurs et des astronomes, ceux qui l'ont découvert en octobre 2017 et se sont pris de passion pour lui. On le comprend, c'est que l'individu était loin d'être quelconque. Malgré leurs efforts inlassables, les observations assidues, les calculs kilométriques, les modélisations les plus osées, les colloques aux quatre coins de la planète, les polémiques des amateurs plein le Net, ils ne savaient trop guère ce qu'il était. Les astronomes ont juste trouvé ce qu'il n'était pas : une comète, un astéroïde, un géocroiseur de notre Système solaire. On avança qu'il serait un fragment d'une lointaine exoplanète qui aurait été percutée par une comète ou un astéroïde, ou qui aurait éclaté par la force gravitationnelle de son étoile dont elle se serait trop rapprochée, ce que démentait son air de rocher bien taillé, « bien fait de sa personne », «propre sur lui», dirait-on d'un honnête citoyen. Il est sorti des enceintes officielles pour envahir les médias et les milieux de la Sci-Fi lorsque les astronomes autorisés ont cru devoir préciser dans leurs communiqués que le mystérieux objet n'était pas pour autant un objet artificiel construit par une entité intelligente. C'était beaucoup de mots pour ne rien dire et cacher la vérité. Lesdits adeptes n'attendaient que cette déclaration de prudence pour annoncer l'incroyable nouvelle, le contact prochain avec les Extraterrestres et toutes les élucubrations qui vont avec, *la guerre des mondes* à la Steven Spielberg pour les uns, la naissance d'une humanité hybride pour les autres, genre *rencontres du troisième type* du même Steven Spielberg, qui avait le don de voir le mystère des deux côtés de la lunette. Le rapport volume-masse de l'objet qui suggérait une structure creuse, accréditant l'hypothèse qu'il serait un vaisseau spatial déguisé en rocher, a très rapidement rencontré une explication positive, le ventre de l'objet serait plein de gaz, et c'étaient ces gaz qui en s'échappant en jets puissants par divers évents à sa surface lui imprimaient cette trajectoire erratique qui a pu étonner certes, mais l'Univers n'est-il pas lui-même étonnant et détonnant. Mais que fait ce mystérieux caillou tout seul dans le vide interstellaire ? Personne n'a pu y répondre. L'autre problème est que l'objet fonçait sur la Terre à la vitesse de 30 km/s, à laquelle s'ajoutera au moment de l'impact celle de la Terre qui est de 29,7 km/s, vu qu'ils sont sur une trajectoire de collision frontale. Autre magie de l'espace, l'engin s'est allongé de quelques empans lorsqu'il s'est approché du Soleil. C'est le moment de savoir que le rocher comptait quatre cents mètres de long et quatre-vingts de diamètre, de quoi vaporiser la Terre et sa Lune, mais aux dernières heureuses nouvelles le vent solaire le prenant maintenant par le travers serait en train de le pousser sur une voie de dégagement vers la constellation de Pégase. Bref, le doute n'eut pas le temps de s'installer qu'il était dissipé. Le porte-parole des astronomes pouvait prendre son congé annuel. Jusqu'à nouvel ordre, jusqu'à plus ample informé. Restons attentifs, la vérité a ses chemins que les menteurs ne connaissent pas tous.

L'histoire de son nom avait déjà mis la puce à l'oreille des aficionados. D'où les astronomes l'ont-ils tiré, qui le leur a soufflé, quel message voulaient-ils envoyer au monde ? À sa découverte, l'objet a très banalement été nommé C-2017-U1 puis renommé A-2017-U1, identifiants qui conviennent bien aux comètes et aux astéroïdes, faits de pierres et de glace. L'individu était un garçon, vu sa forme allongée et raide, et voilà qu'un matin, sans avertissement ni cérémonie, on en fit une fille, et on l'a baptisée Oumuamua, vocable hawaïen ancien plein de vieille magie signifiant *éclaireuse, messagère*, mots clés centraux dans nos grandes religions, transmises par des messagers eux-mêmes instruits par des êtres de lumière, l'Immaculée Conception qui visite

33

plutôt les enfants, et l'infatigable Gabriel, ange asexué qui a adoubé plus d'un messager : Daniel à qui il a enseigné la prophétie des 70 semaines, dite des 70 fois 7 ou des 770 ; Jean de Patmos à qui il a révélé le nombre de la Bête, 666, et appris l'effroyable geste des Quatre Cavaliers de l'Apocalypse, *Mort, Famine, Guerre, Conquête* ; puis Mahomet à qui il a révélé le pouvoir du nombre 1 et le mystère de la kaaba, cet aérolite noir de quelques kilogrammes que le patriarche Abraham a transporté de sa Chaldée natale à La Mecque, lieu-dit dans le désert arabique, pour l'instituer en objet de dévotion. Il y aurait beaucoup à dire sur ces histoires abracadabrantes mais la foi n'écoute pas. Nous sommes pourtant bien documentés sur elles, nous pouvons en parler avec une certaine assurance. Nous avons aussi cherché du côté des immenses civilisations sumérienne, égyptienne, inca qui auraient été initiées par des êtres venus de l'espace dans des vaisseaux de lumière tirés par des chevaux de feu, tels les Anunnakis de la mystérieuse Nibiru, planète et vaisseau à la fois, qui nous visiteraient tous les trois mille six cents ans, cycle dont la prochaine boucle passerait à notre époque, qui nous ont laissé ces formidables installations qui ne cessent de nous questionner et de nous fasciner, les Pyramides, le Machu Picchu, les géoglyphes de Nazca, les mégalithes de Stonehenge, les statues de Göbekli, les moais de l'île de Pâques… pour témoigner de rencontres fondatrices et entretenir le lien avec la source sacrée.

Pour Jason et moi qui avons été visités dans notre sommeil, à J-780 d'un événement fatal, il y aurait bien des parallèles à faire. Nous serions des prophètes en devenir, pourquoi pas.

Nous sommes donc partis à la recherche d'Oumuamua, l'objet non encore identifié qui traversait notre Système solaire pour aller croiser entre la constellation de Pégase et la galaxie d'Andromède, et cette Oumuamua intime qui, il y a trois semaines, nuitamment, était entrée par effraction dans notre sommeil pour semer quelque haricot magique dans notre tréfonds qui sentait sa mission sacrée alors que nous n'étions candidats à rien, ni à la prophétie ni à la royauté, et que nous ne détenions aucune autorité pour juger les gens et les condamner ou les sauver. La conclusion s'imposait, péremptoire, aveuglante : le signal que Jason et moi avions reçu par voie onirique provenait de ce caillou-engin si bien nommé Oumuamua, le messager, la messagère. Il en découlait de manière éclatante que l'astronome qui l'avait découvert au fin fond du Système solaire et avait proposé de le nommer Oumuamua avait reçu le même signal et tiré les mêmes conclusions que nous. Nous avons pensé lui envoyer un carton avec pour seule inscription, J-780, écrite en gras et en rouge, ainsi qu'un numéro de téléphone. S'il était des nôtres il nous appellerait en urgence. Le sentiment de paternité qui devrait normalement l'habiter le pousserait à rassembler autour de lui ses Appelés, *les enfants d'Oumuamua,* les followers dans la terminologie branchée. Le projet nous apparut aussitôt pour ce qu'il était, une sombre bêtise. C'était assez que nous soyons nous-mêmes convaincus de son incroyable réalité. Il fallait freiner sur l'autosuggestion en bande, à cette allure nous allions bientôt découvrir que nous avions été les derniers à être appelés à rejoindre le grand sauvetage de l'humanité, alors que nous étions peut-être les premiers sur la ligne de front, voire les seuls. Partir d'un cauchemar et en arriver à vouloir le propager est le début de la démence religieuse, c'est sûr, et je le reconnaîtrais humblement s'il n'y avait ces vérités aveuglantes, le symbole J-780 et la force hypnomagnétique qui nous avaient réunis, Jason et moi.

Que faire à ce stade?

« *Wait and see* » serait notre ligne de conduite. J'ai ajouté « Motus et bouche cousue », car il n'y avait véritablement rien à dire, et quand bien même cela se pouvait, quelle oreille accepterait de l'entendre? Notre histoire n'est pas un sujet de discussion mais de foi ou de folie, c'est à prendre ou à laisser.

Dans notre ménage, la crise couvait. Nelly me regardait en coin. Oumuamua n'exerçait aucun charme sur elle. Elle ne comprenait rien à cette « passion puérile » qui me prenait le plus clair de mon temps et donc du sien, et assurément de celui de mes étudiants. Je n'ai pas osé lui dire que j'envisageais de me mettre en disponibilité de l'université pour les deux années qui nous restaient à vivre sur Terre afin de les consacrer à exploiter cette possibilité sur quinze milliards que mon rêve soit une réalité vraie, une transmission télépathique par-delà l'éther d'une intelligence extraterrestre aux humains, qui seraient exfiltrés sur une autre planète pour y former une nouvelle humanité. Dit comme ça, c'était simple, mais nous mesurions bien ce qu'il y avait d'infiniment compliqué à seulement engager le premier pas. Il n'était clairement pas question de lui suggérer de se mettre en congé de son école et de partager avec nous cette aventure mystico-spatiale, elle le prendrait mal, sûr, dans son école-caserne, située dans la Zone, elle était engagée à fond dans des activités syndicales de première importance en riposte à la guerre que le gouvernement faisait à l'école pour la sortir des humanités obscurantistes et la soumettre une fois pour toutes aux nouvelles réalités du monde. Je ne me sentais pas en capacité de la convaincre que la mort de l'école et celle de l'humanité ne relevaient pas de la même échelle, ni du même agenda. Le gouvernement on peut le renverser et faire rendre gorge à ses petits marquis frétillants, l'école on peut la réformer, la libérer de la dictature des sectateurs et la rendre à la société, mais on ne peut rien contre la dérive des galaxies et la toute-puissance des Extraterrestres.

En bonne Américaine, Helen a investi le Net et en a sorti tout ce qu'il y avait à sortir d'histoires extraordinaires, de phénomènes de possession, de contacts avec l'au-delà. Quand je lui ai demandé si elle croyait à notre histoire de compte à rebours et d'exode planétaire, elle a répondu: «Si on ne peut pas prouver qu'une chose est fausse, il faut l'accepter comme possiblement vraie.» C'est de la pure informatique, du binaire imparable, $0 =$ faux, $1 =$ vrai. Nelly, qui se nourrit de belles lettres françaises, ne comprenait pas cette logique, elle a dit: «Moi j'aurais dit l'inverse.» Je ne crois pas avoir saisi la nuance entre les deux sentences, ce qui la fichait mal pour le matheux que je suis qui a beaucoup bossé, sans résultat aucun, sur la redoutable conjecture $P = NP$. J'espère que nous n'arriverons pas à l'alternative: Nelly ou Oumuamua.

J-700

Le désespoir gagne
et l'espoir peine à se tenir debout

Cinquante jours sont passés qui, pesanteur aidant, ont ramené la vie à son cours normal, entre piteux et calamiteux. Jason et moi n'avions plus rien à nous mettre sous la dent. On savait tout des OVNI, des rapports secrets de la CIA, des miracles d'hier et d'aujourd'hui, tant naturels que religieux, et des histoires extraordinaires, les logiques et les plus rocambolesques, nous avons lu tout Wikipédia et visité les sites les plus étranges. On se téléphonait de loin en loin : «Rien à signaler, l'ami ?», « *What's up, bro ?*». Rien à l'horizon sinon des murmures nocturnes si bas qu'ils me réveillaient en sursaut lorsqu'ils cessaient ou changeaient de tonalité. Jason m'a dit qu'il se bourrait de café sans réussir à dormir d'un trait, il se réveillait dix fois dans la nuit pour vérifier sa boîte cérébrale. Un message peut-être, une alerte, un spam, un début d'AVC, une alerte vitale coordonnée, une prémonition ?

Son dirlo a noté que son rendement au travail avait chuté de 0,01 % sur la durée du mois et d'office lui a collé un rendez-vous avec le psychologue traitant de l'entreprise. Ils vont l'essorer et le regonfler à bloc. Adieu Oumuamua, le citoyen modèle Jason ne voudra plus qu'une chose : exploser son rendement et obtenir le pardon du boss. Ne pas l'oublier, le Commercial, le Comptable et le saint Psy, c'est la nouvelle Trinité mondiale. Sun, Sea, Sex, la Trinité de nos parents, c'est fini, personne ne croit que le bonheur peut se concevoir et s'acheter sans énormément d'argent.

Parce qu'il est vital de toujours se remuer pour s'empêcher de mourir de sclérose, j'ai raconté notre histoire à quelques collègues de l'université. Ils l'ont trouvée plutôt drôle. Dans le *plutôt* il y avait de l'antiphrase, ils voulaient dire que j'étais un drôle de gars et que j'avais pris l'asymptote des nuls. Les maths, c'est le seul langage qu'ils connaissent. Pour une belle formule, ils tueraient père et mère, mais ils ne font rien pour la chercher, ils espèrent la trouver par miracle pour rentrer par surprise dans l'histoire, à la manière de Newton révélé par une pomme tombée de l'arbre, d'Archimède hurlant son «Eurêka!». Des jean-foutre, des crétins finis. Il fallait biaiser et par divers détours pousser la conversation dans la bonne direction. Moi, ce que je voulais, c'était relayer le message de l'Entité qui nous a visités de nuit et voir leurs réactions. Nous croyons en la force du nombre. Plus nombreux nous serons à savoir plus nous aurons de chances de voir des Appelés se manifester, ils ne voudront pas être en reste quand les rues seront pleines de témoins sortis de leur léthargie pour faire des aveux publics. En mettant bout à bout ces bribes d'informations nous aurons une vraie compréhension de l'ensemble. Nous avons parlé de choses et d'autres, de la réalité des rêves, de la télépathie en état de sommeil, de la résonance harmonique des intuitions, des coïncidences comme signes précurseurs d'événements retentissants, nous avons parlé des miracles de la science, des OVNI et des secrets qui les entourent, et de ce pauvre monde qui court à sa perte, sans oublier cette lamentable humanité qui se rengorge devant ses miroirs mais ne voit pas la fin venir frontalement sur elle. Ça marche toujours, ces thèmes sont des marronniers, des *evergreen,* ils offrent l'occasion de soirées flatteuses entre petites gens de mauvaise compagnie au cours desquelles on peut étaler de la culture à la mode, des surprises pas chères, et exprimer de belles émotions. Mais l'idée qu'une entité extraterrestre chercherait à entrer en contact avec des Appelés choisis par elle pour sauver l'humanité d'une extinction imminente est perturbante, ils la refuseront, elle humilie, elle dit leur incapacité à piloter leur destin, elle dit leur médiocrité congrue et pose la question de la responsabilité pénale des uns et des autres dans les tragédies qui endeuillent le monde. C'en était déjà assez avec la Covid chinoise, la terreur islamique, les zizanies arabes, les bombes russes, les lâchetés européennes, le western américain, les menaces atomiques irano-nord-coréennes, le béatisme des wokistes. Nous sommes comme ça à l'université, on rejette ce qu'on ne comprend pas, on rit de ce qui nous dépasse, on refuse ce qui vient des bénévoles, on crache sur les leçons libres non homologuées. Si Dieu qui nous a créés ne se soucie pas de nous, pourquoi des lézards, des tortues volantes ou des robots ninjas d'un éco-système extraterrestre nous prendraient-ils en sainte pitié? Thomas d'Aquin ne croyait qu'en ce qu'il voyait mais il croyait en Dieu qu'il n'avait jamais vu de ses yeux, grâce à quoi il est devenu un saint parmi les saints. N'est-ce pas là un encouragement à se mentir? L'université n'est pas le lieu où on prêche la croyance, ni même la vérité, elle est dédiée à la reproduction sociale selon les lois du marché et les énonciations des majors. J'avais pris la précaution de mettre cette histoire sur le compte d'un mien ami accro à la Sci-Fi, un hérétique donc, un possédé selon la doxa, qui s'était persuadé qu'une entité extra-terrestre était entrée en contact avec lui pour annoncer au monde la disparition de la Terre et du genre humain, dans moins de sept cent quatre-vingts jours avait-elle précisé au risque de provoquer une panique pas possible sur Terre, et qu'elle s'efforçait de mettre en œuvre un dispositif d'urgence pour évacuer autant de personnes valides que possible. Les valides seulement? Oui, celles et ceux qui répondent à certains critères. Lesquels? Elle ne le dit pas, la probité et l'intelligence j'imagine. Quelle preuve a-t-il de ce qu'il avance, a-t-il conféré avec l'Entité, peut-on la rencontrer ? Non, elle lui aurait envoyé un message télépathique hautement compressé et, croit-il, aurait installé dans les profondeurs de son cerveau une application bourrée d'hyperliens avec le cosmos qui à mesure qu'elle apprend le fonctionnement du cerveau de son hôte le charge de datas appropriées et le dote de pouvoirs dont, pour le moment, il ne voit guère ce qu'ils pourraient être. Ici en tout cas, point de petits rêves, on rêve à l'échelle du cosmos ou on se rendort sur son oreiller.

« As-tu pensé à conseiller à ton ami de lâcher sur la Sci-Fi et de se mettre à la bonne herbe comme tout un chacun ? » Et un autre d'ajouter : « Offre-lui une chicha alambiquée. »

Des collègues pareils, qui en voudrait ? Je venais les édifier par allusion, ils m'ont ri au nez. Je m'en souviendrai.

J'ai envoyé des signaux dans toutes les directions. J'ai fait imprimer en rouge et en caractères gothiques gras J-780 et d'autres petits signes attractifs sur une trentaine de tee-shirts et Oumuamua Day sur trente autres avec une adresse e-mail ainsi libellée lesvaleureuxappelés delespace@gmail.com et les ai offerts aux clubs sportifs du quartier et de l'université. Une semaine plus tard, on les croisait partout à Paris, fièrement portés, mais la pêche fut maigre. Un forain qui faisait dans l'événementiel et le

thématique voulait en commander treize dou-
zaines pour le prochain Wight et un rappeur
nommé ZUP le Barbare, timonier du groupe
Bâtiment 22, qui proposait au timonier des Valeu-
reux Appelés de l'Espace une offensive coordonnée contre la France. Une femme voulait savoir
s'il y avait des droits sur le mot *oumuamua*, ou des
empêchements religieux spécifiques, elle souhai-
tait le donner pour prénom à sa fille qui naîtrait
sous peu et en faire la dénomination sociale de
sa petite boutique de mode, elle sentait qu'il lui
apporterait succès et prestige. De son côté, Jason
actionna un prêtre évangélique de sa fratrie
qui sévissait dans son comté natal du Midwest
pour qu'à travers son complexe d'endoctrine-
ment, église, radio, télé, publications diverses,
banque, loterie, il invite, l'air de rien, les *messagers* du J-780 à se manifester. Le brave révérend
ne recevra que froncement de sourcils et désa-
veux. Des ouailles, de celles qui ne laissent rien
passer, pas une virgule, lui rappelleront qu'il
n'y a d'Appelés que les membres de l'Église des
seuls et véritables Appelés du Septième Jour, fondée au début du XIXᵉ siècle par le docteur Phil
Craig, transfuge de l'Église adventiste du Septième Jour et ennemi juré de ses fondateurs, la
clique Ellen et James White, Joseph Bates et John
N. Andrews.

C'était horrible, il semblait que nous soyons les
seuls sur Terre à avoir été *appelés*. C'en était trop
pour nos épaules et notre raison. Je ne sais ce

qu'il en était pour Jason mais moi j'ai appris en ces jours de compte à rebours fatidique ce que la solitude pouvait avoir de vertigineusement déstabilisant. L'Univers est trop grand pour nous, pauvres hominidés, nous ne saurons jamais nous y retrouver. Entre l'infini et l'infini dans toutes les directions, où pourrait-on se cacher pour exister tranquillement en tant que quantité finie, palpable, qui peut voir le bout de ses membres et se reconnaître ? Hors de notre Terre natale, nous resterons éternellement perdus, sans père ni mère, ni parents de substitution. Sans eux, comment apprendrons-nous à vivre, comment nos enfants sauront-ils à quoi ils ressemblent ? Les pauvres petits suivraient le premier qui passerait devant eux, un canard de l'espace, un robot scintillant, un petit homme vert, une ombre filante. Sur Terre, ils ne cessent de nous torturer à coups de pourquoi lancinants, quand nous-mêmes ne savons rien, où nous étions avant d'exister et où nous serons après notre disparition. Or, sans la possibilité du retour, l'aller ne mène nulle part, il n'y a que la fuite à l'aveuglette. L'Entité nocturne sait-elle que son appel lancé tous azimuts n'a atteint que deux personnes ? Sait-elle que nous sommes huit milliards sur Terre et que nous ne savons pas ce qu'est l'*humanité* qu'elle veut sauver, à laquelle nous nous rattachons plus par ouï-dire et simple proclamation de filiation que par généalogie vraie ? Il serait quoi ce mot, *humanité*, une médaille ? Un titre nobiliaire ? Une dignité intrinsèque ? Un piège à lapins ? Le nom d'une souche de cellules à haut rendement? Quoi d'autre? Nos amis et cousins les animaux y ont-ils droit? La nouvelle tendance est de la voir comme une abstraction, un objet quantique, une sorte de boson de Higgs, la fameuse particule de Dieu, qui lui donnerait une masse et des apparences propres en fonction des lieux et des circonstances, ou, comme il plaira à l'observateur de l'imaginer, en roseaux pensants, en bêtes fauves, anges déchus, avatars divers ou Extraterrestres tombés en panne sèche sur Terre qui attendent désespérément l'arrivée de leur vaisseau ravitailleur? N'était sa nature besogneuse et foncièrement malveillante, l'homme aurait depuis longtemps disparu de la Terre, rongé par la peur, écrasé par les forces de la nature, dévoré par les prédateurs, décimé par les fièvres. Quelle autre voie avait-il que de persévérer dans sa domination brutale du monde sans laquelle il n'aurait pas survécu une demi-saison? Quand, comment et pourquoi cet animal si occupé à survivre minute après minute a-t-il pensé à s'affilier à cette chose inconsistante, l'humanité, quand et comment celle-ci l'a-t-elle supplanté et a-t-elle fait de lui une branche morte de l'arbre généalogique, un objet statistique? Ce «deux en un» n'a jamais vraiment fait bon ménage. Un coup l'humanité est une prison pour l'homme, le coup d'après l'homme se fait son bourreau et la réduit en cendres. Mais elle repousse, la chose, et l'homme est un récidiviste-né. Les individus qui s'y rattachent par on ne sait quels hyperliens culturels ou biologiques aimeraient s'émanciper de cette humanité hypothétique, problématique comme toute copropriété. Verrons-nous un jour qu'en vérité l'être humain n'existe pas, qu'il est une fake news, une chanson douce inventée par de mauvais poètes ? N'y a-t-il dans la nature que des objets errants qui se sont inventé un titre de noblesse, *humanité* sonnant comme *divinité*, qui leur ferait pousser des ailes et les rendrait immortels ? Quelque chose de plus nébuleux, de plus épouvantable ? Voir les *Contes de la Crypte*. Mais voilà, il n'y a pas de sésame pour ouvrir la caverne aux mystères où se trouveraient cachées les merveilles de l'Univers comme il n'y a nulle part dans l'Univers de semblables cavernes. C'est au fond ce que Jason et moi espérions avec nos sésames *J-780* et *Oumuamua*, ouvrir la porte du ciel et quitter la Terre avant faillite.

J-636

Le ciel a parlé deux fois. Une est de trop

Dieu seul peut survivre à l'éternité. Elle avale tout et ne laisse rien derrière elle. Que la Terre disparaisse un jour, et nous avec, n'est donc pas pour nous surprendre. Elle a quatre milliards d'années, elle peut en vivre quatre de plus, pourquoi pas, mais l'âge n'est pas l'essentiel, il importe en premier de savoir de quelle mort elle va mourir et si nous aurons le temps de nous préparer et, si possible, d'en réchapper. Morte la mère, mort l'enfant, n'est pas une fatalité. J'étais de ceux qui pensaient qu'elle ne risquait pas grand-chose de l'espace, l'immensité de notre galaxie, si bellement nommée Voie lactée, *Milky Way* en anglais, constituée à 99,99 % de vide, et les lois de probabilité sur les collisions dans le vide la protègent mieux que ne le ferait une carapace en acier trempé. Passer entre les gouttes quand il ne pleut pas va de soi même pour un éléphant. Ici on ne parle qu'en dizaines, centaines, milliers et millions d'années-lumière et on n'oublie pas que la lumière court dans l'espace à la vitesse phénoménale de 300 000 km/s. Les distances entre les étoiles s'expriment avec des nombres si immensément grands qu'on ne sait ni les lire ni les comprendre. Et que dire des distances entre les galaxies et celles encore plus infiniment vertigineuses qui séparent les amas et les superamas galactiques, et que dire des glacis aussi profonds que l'éternité séparant les Univers parallèles et des distances qui… On s'épuiserait à déplacer les limites de l'espace d'un infini à l'autre infiniment plus grand. En l'espèce, l'infini est l'unité de mesure de l'Univers, comme le centimètre et la seconde sont les unités de mesure de ce qui fait notre quotidien. Ne parlons pas de l'infiniment petit, il ne mène nulle part, il va d'un gouffre infini à un autre plus profond et on ne sait comment il rejoint l'infiniment grand de l'autre côté. Ici on parle en angström, un mot qui ne veut rien dire, sauf pour le physicien suédois qui le portait comme son nom, nous n'aurons jamais assez d'yeux pour le voir. Les noms qu'on a donnés à ces nombres gigantesques n'aident pas plus : année-lumière, myrillion, zettabyte, gogol, gogolplex, Knuth, etc., et, attention à votre cœur, le plus terrifiant de tous, le Graham, pour lequel tous les Univers réunis sont une gouttelette sur la plaque de verre de son microscope électronique, nous assomment de leur inconcevable grandeur. Certains sont des nombres-univers, des nombres transcendants, ils racontent l'histoire du monde depuis toujours jusqu'à tout jamais. Le passé et le futur les plus lointains ne sont pour eux qu'un seul et même point imaginaire de l'espace-temps. Mais si grande soit-elle, la grandeur commence par un petit bout, le 1, le 2, le 3, 5, 7, 11… suite dont personne ne peut épuiser le mystère, ni les mathématiciens, ni les philosophes, ni les religieux, ni les génies. Celui du nombre 42 par exemple, quasi inconnu au bataillon, est proprement hallucinant, il serait à lui seul la « réponse à la grande question sur la vie, l'Univers et le reste » selon l'écrivain de science-fiction Douglas Adams. Amis et bonnes gens, faites-vous ce cadeau, renseignez-vous sur les nombres, le peu que vous apprendrez vous emmènera au plus profond du mystère et au plus haut de l'émerveillement. Vous saurez que Dieu lui-même les regarde avec respect et les comprend, et les aime, ils sont à sa mesure, ils sont ses vrais amis et les maîtres du monde à ses côtés, liés à lui par l'éternité, l'infinitude et le mystère absolu. La lumière émise par l'étoile la plus proche de nous met 4,5 années pour nous parvenir. C'est tout près mais encore trop loin pour nous. Combien de secondes dans une minute, dans une heure, une journée, un mois, une année, et combien dans 4,5 années, qu'il faut savoir multiplier par la vitesse astronomique de la lumière, 300 000 km/s, pour atteindre le but. On se perdra dans les calculs avant d'avoir parcouru le premier tantième du chemin. Elle a un joli nom, la belle voisine de notre Soleil, on peut le retenir et le faire connaître, elle s'appelle Proxima Centauri. Les autres qui constellent notre ciel nocturne sont trop éloignées pour qu'on sache de quelles fichues galaxies elles nous observent et comment bien les nommer sans les confondre. On en connaît quelques-unes, des hyper-géantes, parmi les trois cents ou quatre cents milliards, voire cinq cents et plus, qui illuminent notre Voie lactée, Sirius, Arcturus, Antarès, Bételgeuse, Véga, Aldébaran, Eta Carinae, Fomalhaut, Altaïr, Pollux, et d'abord la plus brillante de toutes, l'étoile Polaire, Alpha Ursae Minoris, dans la nomenclature officielle, visible dans l'hémisphère Nord, à quatre cent trente années-lumière de la Terre, entre les constellations de la Grande Ourse et la Petite Ourse. Proxima Centauri n'est pas si grande mais elle fait quand même ombrage à notre beau Soleil dont nous sommes si fiers car huit fois plus massive que lui et deux mille fois plus brillante. Pas de mariage possible entre eux, elle le casserait à la première étreinte. Il y a des règles de préséance chez les étoiles, qui, s'en souvient-on, sont de titanesques et inépuisables bombes thermonucléaires.

Notre planète est moins qu'un grain de poussière dans cet océan scintillant dans lequel la lumière si fulgurante à notre échelle fait du surplace dans le cosmos, et cela fait que tout paraît immobile, immuable. La probabilité que la Terre soit détruite par un malheur venu de l'espace, une étoile filante, un astéroïde, un sursaut gamma, un trou noir dérivant, une tempête solaire, des Extraterrestres malintentionnés, est véritablement nulle, il n'y a aucune raison de s'affoler. Jamais, à notre connaissance, homme sur Terre n'a été tué par un quelconque malheur céleste. La vraie menace est domestique, notre Terre mourra de ses maladies propres ou des turpitudes de ses habitants. Qui les premiers la tueront est la vraie question. Si elle meurt de ses maladies nous n'y pouvons rien, si elle meurt de nos maladies elle n'y pourra rien.

À la lumière de ces obscurités, on comprend Mark Twain quand il disait : « Tout ce dont nous avons besoin dans cette vie c'est d'ignorance et de confiance, et alors le succès est assuré. » En application de ce principe il a ajouté à propos des innocents qui ne se doutent jamais de rien : « Ils ne savaient pas que c'était impossible, alors ils l'ont fait. » La lucidité aurait voulu qu'il conclût de la sorte : « et ils en sont morts ». Ce qui se fait se défait, et ne reste dans le cœur du pénitent que la honte d'avoir inutilement dérangé l'ordre immuable du monde. En ces temps actuels d'inversion des valeurs, le chemin est tel que vivre et mourir sont une seule et même formalité, on ne sait qui précède et qui suit l'autre.

Et voilà que l'hypothèse d'une destruction venant de l'espace s'imposait d'une manière précise et péremptoire, pour Jason et moi du moins, annoncée par une Voix off qui pourrait être celle de l'Univers lui-même s'il avait une âme et des intentions à notre égard, celle de l'ange Gabriel en route pour une nouvelle Alliance ou celle d'un alien secourable qui ne peut nous parler que dans notre sommeil, par intrusion dans notre subconscient, en tripatouillant nos codes d'accès, en usant d'une langue hypnomagnétique, en nous bombardant le thalamus et l'hypothalamus d'images psychédéliques impropres à l'établissement d'un dialogue humain, mais hautement signifiantes. Il reste qu'un compte à rebours qui clignote comme un phare dans la nuit n'a rien d'éclairant, au contraire il aveugle, il sidère.

*

Jason et moi étions dans une phase résolument scientifique, donc volontariste, on travaillait sur des hypothèses mathématiquement fondées, on procédait à des triangulations précises, on traçait des trajectoires, on s'était mis à la neuroscience, elle faisait fureur en librairie, depuis qu'un certain Idriss Aberkane, titulaire de trois doctorats, en avait brillamment percé le secret : dans cette affaire le cerveau est sujet, acteur, créateur et témoin de ses intentions et premièrement de ses désordres. C'était aussi que nous prenions plaisir à être ensemble, à boire chez lui du Coca glacé et du café tiède à la cafetière électrique, et chez moi à siphonner des bouteilles de vin normand, à tirer des plans sur la comète pour sauver l'humanité ou, dit modestement, des gens, le plus possible. Le drame quand on sait tout dans le détail est qu'on ne peut plus avancer, on se répète c'est fatal, et par là on tue la nouveauté, on ruine l'avenir, on le vide de tout intérêt. Nous étions devant la douloureuse confirmation du paradoxe de Zénon et de la conjecture de Twain. Il nous manquait clairement quelque chose, l'assurance que ce qui est est ontologiquement vrai, que le rêve est une réalité précoce, que les distances, si infinies soient-elles, ne sont que des distances, donc matériellement franchissables puisque aussi bien nous sommes au centre de l'Univers. N'est-ce pas là déjà une bonne moitié de chemin de faite, alors que nous n'avons pas bougé d'une coudée ? Ce que nous avions en partage pour le moment, c'était un cauchemar de Sci-Fi et des suppositions tirées par les cheveux de l'actualité astronomique officielle et parallèle. Le contexte étant au mystère et au drame, et aussi à la folie collective, il faudrait ajouter ce que, en tant qu'humains, nous portons en nous de peurs ataviques venues du fond des âges. À part les astrophysiciens dont c'est le métier, qui sur Terre parle autant que nous de l'Univers, de ses mystères et de ses menaces ?

*

Dire que le ciel a parlé était ici plus qu'une métaphore, c'était la pure réalité. L'époque était riche en événements astronomiques. Après Oumuamua, on a capté dans la foulée un signal radio hyper mystérieux qui revenait toutes les 18 minutes et 11 secondes, il proviendrait des faubourgs hyper dangereux de la Voie lactée, les tout derniers avant le plongeon sans retour dans l'insondable gouffre intergalactique ; serait-il la suite du célèbre signal radio de 1977 appelé *Wow*? Les autorités scientifiques habilitées ont affirmé pouvoir très vite en situer la source avec précision. La rayonnante astrophysicienne Natasha Hurley-Walker qui travaillait avec intelligence sur l'objet a énoncé des choses qui ont affolé les antennes des curieux, et sur cette affaire les Appelés Jason et moi l'étions plus que quiconque : « Il n'y a rien de connu dans le ciel qui fasse cela… Un objet qui apparaît et disparaît sur plusieurs heures, c'est du jamais-vu », a-t-elle ajouté avec une vraie conviction. L'objet, à cette heure non encore baptisé d'un code alphanumérique ou d'un nom riche de sens et de vieille magie, serait-il un compagnon d'Oumuamua ? Était-il l'éclaireur de la flotte amirale qui viendrait nous tirer de là ? Rien n'interdisait de le penser. À suivre. Nous avions un besoin urgent de datas fraîches pour actualiser nos calculs. Helen en fit son affaire, elle naviguait comme l'éclair sur le Web à la recherche des bons sites, tant privés que gouvernementaux, civils et militaires, ouverts au public ou ultra secrets, pendant que Nelly plus que jamais en guerre contre son ministre de l'Éducation nationale et ses docteurs folamour, troupes de choc de la nouvelle ruine, continuait de s'agacer de nos amusements astronomiques. Le questionnement s'imposait : la belle astrophysicienne est-elle de la communauté des Appelés ? Avait-elle une explication du symbole J-780 ? Le connaît-elle ? Y a-t-il un lien entre

Oumuamua et le signal radio? Pourrons-nous la rencontrer, lui parler, lui dire ce que nous savons et apprendre d'elle ce que nous ne savons pas? Probablement que non, on nous dirigera sur quelque porte-parole attitré qui, du haut de sa chaire pontificale, ne répondra à nos questions que par des mises en garde et des mises au point, en nous rappelant à chaque tournant l'adresse aux malentendants: «Entendons-nous bien, messieurs...» Il voudra par la répétition et la menace au bout du doigt nous convaincre qu'il n'y a rien que de très naturel dans le mouvement de ces objets célestes si bizarres, rien de magique ou d'anormalement étrange dans leurs mouvements erratiques. Abracadabra, hocus-pocus, merci pour la visite. On aura dévoilé nos secrets sans rien obtenir en retour. Le porte-parolat, c'est la nouvelle plaie de l'humanité, un mur de Berlin entre gouvernants et gouvernés, entre les gentils bons en tout que sont les premiers et les méchants bons à rien que sont les derniers. Ô gens affamés de vérité, si vous voulez vous libérer et prendre la direction de vos vies et trouver le bonheur, tuez les porte-parole et traînez leurs chefs au grand jour, sur la place publique où jadis on exécutait les vilains, et soumettez-les à la question: la vérité ou la mort. Révisez vos classiques, bon sang, 1789, la Commune, la révolution culturelle maoïste, Mai 68. L'essentiel n'est pas tant d'avoir tort ou raison mais de s'obliger à punir ceux qui nous refusent le droit de chercher à savoir la vérité sur nos propres vies.

Nous en étions là de nos raisonnements lorsque Jason a reçu un message du bureau du révérend Taylor, rappelez-vous, c'est le pasteur de l'Église évangélique des Appelés du Septième Jour. Il lui disait qu'un jeune homme d'allure écolo-sauvage, dégingandé et fort timide, qui entre deux mots trouvait de la place pour caser trois *um* et deux *so*, s'était présenté à la radio de l'Église pour raconter une histoire originale en relation avec l'appel de la station lancé à ceux qui auraient quelque chose à dire sur les Appelés du J-780. Un lien a été envoyé à Jason pour accéder à l'enregistrement vidéo de l'entretien. Nous en avons retranscrit les passages décisifs et certains l'étaient à la puissance dix. C'était follement émouvant, nous accomplissions d'un coup un pas de géant vers le dénouement. J'étais seul au début, puis est venu le chevalier Jason et voilà un troisième larron appelé par notre Entité, sorti tout droit des bois de l'Amérique profonde. Combien serons-nous à l'arrivée ? Nous verrons-nous quitter in extremis la planète en flammes, nous verrons-nous cernés par le malheur et disparaître dans la fournaise, ou tout bêtement comprendre que cette histoire était la face visible d'une schizophrénie cachée ? Si Jason ne m'avait pas hameçonné avec son graffiti, si je n'avais pas à mon tour attiré son attention avec mon écriteau de syndicaliste retors, nous serions restés chacun de notre côté sur l'idée d'avoir fait un cauchemar, chose banale dans nos sociétés postmodernes pourries par le stress et la violence politique. Le vrai mystère est que ce matin du J-763 une force m'a arraché de ma trajectoire et dirigé dans cette rue du XIe que je ne connaissais ni d'Ève ni d'Adam.

L'ANIMATEUR : Merci Samuel d'avoir répondu à notre appel. Dans notre congrégation, on m'appelle frère Jo... faites de même. Je vous demanderai pour commencer de vous présenter et de nous dire ce qui vous a décidé à venir nous parler de votre vision... que d'aucuns, n'est-ce pas, appelleraient cauchemar, hallucination, que sais-je encore de moins innocent.

SAMUEL : Je comprends qu'on appelle cauchemar et hallucination ce qui ressemble à un cauchemar et une hallucination mais ma vision n'est ni un cauchemar ni une hallucination, elle est aussi vraie que je vous vois et que vous me voyez. Je m'appelle Samuel Harvey Jr, j'ai vingt-quatre ans, je prépare à mon rythme une spécialité en science du vivant à l'université de Warrensburg dans le comté de Johnson, État du Missouri. À part les études, je pratique des activités de grand air, la randonnée, le trekking, la course d'endurance, le canyoning, l'escalade et deux fois l'an, au plus froid de l'hiver et au plus chaud de l'été, je fais des survies de vingt et un jours dans les bois et les montagnes. Mes parents sont des fermiers de la Corn Belt du Midwest dans le comté de Cass et sont des fidèles de l'Église des Appelés du Septième Jour. Votre radio est pratiquement leur seul contact avec le monde. Ils adorent le révérend, en tant que cousin de mon père et prophète de la communauté. Encore aujourd'hui, New York est pour eux la Vieille Amsterdam de leurs arrière-grands-parents et Los Angeles une bourgade du Mexique qui a frauduleusement migré en Amérique, comme ils croient que la Floride se trouve à Cuba en Europe ou l'inverse, ils ne savent toujours pas s'il y a un monde au-delà de nos frontières. Le week-end passé, au cours du traditionnel repas dominical, ils ont parlé de votre émission sur les divinités extraterrestres et de ce signe de reconnaissance, J-780, des adorateurs d'OVNI et autres phénomènes sataniques. J'étais abasourdi, j'étais de ces gens, j'avais moi-même eu cette vision et ma vie en était pas mal bouleversée depuis. C'était formidable, je n'étais plus le seul Appelé du monde. Imaginez l'émotion de mes parents pour qui tout vient de Dieu ou du diable, d'apprendre que je suis un de ces égarés! Ils m'ont encouragé à répondre à votre appel et à me confier à la communauté qui saurait me soutenir de son amour et de ses prières. Moi qui m'amusais de leur crédulité paysanne, me voilà à mon tour confronté au risque d'être moqué par la communauté pour naïveté aggravée.

FRÈRE JO : La vérité, comme le diable, se cache dans le détail, racontez-nous précisément votre vision. Parmi les auditeurs, il en est peut-être qui auront des explications…

SAMUEL : En fait, j'ai eu deux visions, la

seconde il y a trois jours, qui a accéléré ma décision de venir témoigner. J'ai compris qu'il était important que les Appelés se signalent et se regroupent.

Jason et moi étions excités comme des poux en écoutant ce passage et d'autres qui témoignaient de l'évolution de notre amie la Vision nocturne et montraient que l'heure du dénouement était proche.

FRÈRE JO : Commençons par la première. Dites-moi ce qui s'est passé et comment vous avez vécu cela.

SAMUEL : C'était le 25 avril, il y a cinq mois. Je dormais profondément, comme toujours car je fais beaucoup de sport et je vis au grand air des montagnes. Au plus profond du sommeil, un film a démarré dans ma tête, je me voyais réveillé par une sonnerie dont je n'arrivais pas à saisir la nature, ni l'origine, j'étais plongé dans le noir le plus noir. Une bulle de lumière fabuleusement brillante est apparue au-dessus de l'horizon des événements et aussitôt est venue sur moi et m'a enveloppé... Quelle sensation, cette lumière était vivante, palpitante, apaisante, je dirais intelligente... puis la bulle a tracé dans la nuit. Après un bref moment, il y a eu un flash multicolore et un grésillement intense comme si la bulle avait franchi le mur de la lumière et tout a été aboli, l'espace, le temps, la matière, le mouvement. J'avais l'impression d'avoir disparu, d'avoir été téléporté au cœur du Soleil, avec lequel je me confondais en chair et en esprit… J'ai perçu des bruits indistincts, peut-être métalliques, et une voix…

FRÈRE JO : Une voix ?

SAMUEL : Je dis voix parce que je ne sais pas la nommer, disons un écho avec des modulations, des intonations, qui semblait venir du vide… Elle emplissait la bulle, en même temps que le symbole J-780 est apparu et s'est mis à clignoter sur le mode morse, avec des brèves et des longues… Puis soudain tout s'est éteint, la voix et la lumière, dans un silence sidérant. Je ne sais pourquoi, j'ai rêvé d'*Abyss*, le film de James Cameron qui raconte le sauvetage de l'équipage d'un sous-marin nucléaire en perdition dans les profondeurs de l'océan par une entité merveilleuse, une sorte de boa géant fait d'eau, de lumière et de grâce, qui semble doté d'un pouvoir et d'un savoir à l'échelle de l'Univers que nous n'égalerons jamais, le chercherions-nous des milliards d'années durant. Un froid intense m'a soudainement engourdi, puis il y a eu un chuintement saccadé qui m'a réveillé en sursaut. Un énorme sentiment de tristesse m'a pris à la gorge, j'étais déçu de retrouver notre monde. Toute la journée j'ai traîné une insupportable fatigue et le regret de ne pas avoir mieux observé, mieux écouté, mieux profité de ce moment de plénitude. Je m'étonnais de ma propre attitude, à aucun moment, alors que je sentais une présence autour de moi, je n'ai parlé, questionné, marqué la moindre crainte. J'étais dans la confiance absolue avec l'Entité, dans son intimité. Je l'ai appelée ainsi, il fallait lui donner un nom. Je n'avais rien à dire, je sentais qu'elle lisait dans mes pensées, avant même que je les conçoive. La Vision portait pourtant un message effrayant, elle donnait à voir la fin prochaine de notre planète mais elle était aussi bienveillante, comme le sont les belles promesses, elle annonçait notre sauvetage et notre installation dans un autre monde, infiniment meilleur, le sien peut-être, l'Olympe des dieux ou l'Éden du Dieu unique. Que dire de plus, sinon qu'il se passait quelque chose dans l'Univers et que nous étions au cœur de l'intrigue. La disparition de l'humanité affecterait-elle à ce point la cohérence de l'Univers pour que des Extraterrestres se lancent en force à son secours ? On dirait que l'Entité le craint et pour cette raison elle se démène pour nous sauver, au moins quelques-uns, pour que l'histoire de l'homme se maintienne et participe à l'équilibre du monde.

MOI : Ce jeunot est formidable, tu vois comme il parle ? Il a tout mieux vu que nous et il sait trouver les mots pour le dire. Maintenant qu'il le dit, il me revient que je me suis moi aussi senti fatigué, courbaturé, comme après un long voyage, qu'il y avait des bruits indistincts, des murmures, une sorte de respiration... C'est vrai aussi que j'étais confiant et que j'ai regretté que la communication se soit interrompue...

JASON : L'explication, compañero, est que notre Samuel est jeune, c'est un homme des bois, il respire l'air pur, il boit de l'eau de source à la source et pas de l'eau morte du robinet ou prisonnière d'une bouteille en plastique recyclé, il fréquente les castors et les oiseaux, et je parie qu'il parle aux arbres, et les comprend et les aime, il est naturellement plus émotif, plus réceptif que nous, pauvres vieux automates de la ville endurcis par ses violences et ses pollutions.

FRÈRE JO : Comment avez-vous vu que l'Entité, comme vous dites, annonçait la destruction de notre planète et qu'elle préparait un plan de sauvetage pour nous ? Vous est-elle apparue en image, vous a-t-elle parlé de vive voix ? Comment croire à cette histoire avec si peu, des impressions nocturnes, des suppositions ?

SAMUEL : L'Entité ne parlait pas à mes oreilles, elle communiquait avec mon subconscient à coups de flashs subliminaux, comme l'ordinateur combine des bits électromagnétiques dans son processeur qu'un logiciel traduit en anglais pour l'utilisateur. Ça donnait ça, des flashs de lumière qu'une application téléchargée dans mon cerveau transformait en scènes d'apocalypse, des villes saccagées, des foules qui se battent pour investir les points d'embarquement, qui prient à genoux, des soldats qui tirent dans le tas, des bandes armées qui courent d'un pillage à l'autre, des foules éreintées qui embarquent dans des navettes pour rejoindre en orbite haute un vaisseau grand comme la Lune en partance pour un voyage inconnu, puis j'ai vu le signal J-0 s'éteindre dans le ciel et la Terre disparaître dans la nuit. Cela ressemblait à un montage d'extraits de films et de reportages pour un documentaire sur la fin du monde en accéléré.

FRÈRE JO : Comment vous sentiez-vous après ce cauchemar ? Étiez-vous d'emblée convaincu de sa réalité ? Qu'avez-vous fait ou essayé de faire ?

SAMUEL : J'étais perturbé, c'est sûr, on nous annonce la fin du monde, c'est dur comme nouvelle. Je m'en suis posé des questions depuis. Pourquoi l'Entité a-t-elle choisi cette voie pour me parler, pourquoi moi et qu'attend-elle de moi ? C'est sans doute parce que la communication directe entre elle et les humains n'était possible qu'avec quelques individus disposant d'un profil spécifique. L'Entité ne doit pas vivre dans la même dimension que nous, elle ne peut pas nous apparaître en sa forme propre, nous parler dans son langage, interagir avec nous sur le plan physique, elle est peut-être faite de matière et d'énergie noires, elle vivrait dans un trou noir, j'ai lu que certains astrophysiciens, comme le Français David Elbaz, pensaient que nous-mêmes vivions dans un trou noir. Le fait est qu'elle semble détenir un savoir et un pouvoir infinis.

FRÈRE JO : Vous êtes plutôt précis sur vos impressions et vos réflexions, cela tient à quoi ?

SAMUEL : Je le dois à mes sorties de survie. J'en fais depuis des années, que je passe sur ma chaîne YouTube, qui compte plus de trois cent vingt mille abonnés et qui est sponsorisée par un centre de recherche sur les techniques de survie. Il me fait des protocoles précis, je dois tout consigner dans le journal de bord de la session, matin et soir, mes impressions, mes difficultés, je prends ma température, la tension, le pouls, et je fais des prélèvements réguliers, salive, urine, fèces, etc. Ça paie en partie mes études. Je complète en donnant des cours d'escalade et en organisant des randonnées dans les monts Ozarks, entre Onondaga Cave State Park et la rivière Eleven Point. Dans mes randonnées, j'apprends à mes élèves à observer la nature, à l'écouter, à analyser leurs sensations pour pouvoir anticiper, chose essentielle pour la sécurité de tous et pour entrer en harmonie avec la nature. À un moment, j'ai fait le lien entre cette vision et celles que j'ai pu avoir dans mes survies poussées à l'extrême. J'en ai parlé aux docteurs du laboratoire mais ils n'ont vu là qu'un phénomène de rémanence et d'autosuggestion. Une hallucination qui en entraînerait une autre.

FRÈRE JO : Je note qu'il n'est nulle question de Dieu dans la vision, ni chez vous après votre réveil ni dans vos questionnements ultérieurs. Comment l'expliquez-vous, il s'agit pourtant de quelque chose du même ordre que le Déluge, l'Apocalypse, la destruction de Sodome et Gomorrhe ? La geste prophétique de l'Entité ne vous a pas donné à penser à nos saintes écritures ?

SAMUEL : Faut-il toujours invoquer Dieu, le voir devant et derrière tout, comme un gardien obsédé par la peur d'un effondrement de son monde ? Je ne crois pas que l'Entité soit Dieu ou un ange envoyé par lui. Je l'ai ressenti comme ça, l'Entité est un être vivant autonome et responsable. On est plutôt dans un schéma de science-fiction, la rencontre entre humains et aliens, il n'y a rien de religieux, rien de magique. J'ai compris que l'Entité ne pouvait communiquer avec moi que par télépathie et qu'elle a fait comme nous faisons avec les enfants, on leur bourre la tête de données incompréhensibles pour eux, et plus tard on leur apprend une méthode générale qui leur permettra de puiser dans ce réservoir pour construire des idées et les combiner pour rendre le réel intelligible.

FRÈRE JO : Vous faites des parallèles un peu gratuits, non ?

SAMUEL : Quelque chose me dit qu'ils sont justes.

MOI : Non mais tu l'entends, du tac au tac, il est formidable ce jeunot, voilà qu'il nous explique tout et nous donne des leçons sur ce qui des mystères de l'Univers revient à Dieu et ce qui revient aux Extraterrestres, et ce qui nous échoit du reste.

JASON : C'est un spécialiste de la survie et des sports extrêmes, il ne confond pas sort et sortilège, vision et illusion, l'ombre et la proie, exactement comme il sait distinguer un castor d'une marmotte.

66

MOI : Il me conforte dans l'idée qu'une entité extraterrestre nous observe de son lointain séjour, dans notre galaxie ou une autre, dans notre espace-temps ou un autre, qu'elle a vu la fin de notre planète et a décidé de nous envoyer un vaisseau pour nous évacuer. Nous ne sommes pas dupes, Oumuamua et le nouveau venu non encore localisé et baptisé ne sont ni des signes du ciel ni des vaisseaux extraterrestres, ils sont des objets célestes un peu bizarres, c'est tout. On s'est entichés d'eux, il fallait bien remplir les vides que nous avons dans la tête pour ne pas tomber dans le délire.

JASON : Ouais, tu n'as pas tort, compañero, nous avons laissé filer notre imagination mais gardons quand même Oumuamua sous la main, je la vois bien en bouée de sauvetage au cas où, et attendons de voir ce que le signal radio 18/11 dira aux astrophysiciens.

MOI : C'est Bertrand Russell, je crois, qui disait : « Ce que les hommes veulent en fait ce n'est pas la connaissance, c'est la certitude. » On dirait que nous avons fait le chemin inverse, nous avons négligé la réalité avérée que nous offrait la Vision et nous avons cherché la connaissance quitte à la chercher dans les faits divers, voire à la fabriquer. La Vision se suffit à elle-même. Il faut repartir du bon pied, dans la foulée de ce Samuel que nous devrions contacter au plus vite.

FRÈRE JO : Ai-je bien entendu, vous auriez eu une autre vision, voulez-vous nous en parler ?

SAMUEL : Ce n'était pas vraiment une vision mais un rêve… Je dirais un cauchemar. Je revoyais le film catastrophe dans mon sommeil lorsqu'un passage qui m'avait échappé a pris soudain une réalité terrifiante, c'était le moment où l'Entité ou la Voix off laissait entendre qu'il nous reviendrait de sélectionner ceux qui seraient sauvés. J'ai bondi de mon sommeil et de mon lit. Qu'est-ce là, mon Dieu ? Qui accepterait d'être sauvé au prix de la mort des siens et de foules entières ? Quelle vie sera celle des Appelés et ceux qu'ils auront choisis… Élus sur cette base, bon sang, sur quels critères, comment ? Cette question me hante…

FRÈRE JO : Restons sur l'idée que tout cela est un cauchemar qui s'éteindra le jour J, quand nous verrons que le ciel est toujours au-dessus de nos têtes et notre chère planète sous nos pieds. Comme je vous l'ai dit, nous ne passerons à l'antenne que ce qui ne choquera d'aucune manière la sensibilité de nos fidèles. Nous sommes la radio de la sainte Église des Appelés du Septième Jour. En tout cas, nous prendrons la précaution de dire que nous ne sommes pas convaincus par votre histoire. Notre révérend en décidera, il a voulu cette émission pour prévenir contre une rumeur née en Europe, selon laquelle des gens se prétendant les Appelés du 780e Jour annonçaient la fin du monde et qu'il leur revenait de décider qui sera sauvé et qui ne le sera pas. Nous reviendrons vers vous si le révérend le souhaite. Bonne chance et essayez de ne pas y penser, tout cela est trop irréel pour être vrai, mais l'homme est ainsi, il rêve même quand il croit ne pas rêver.

MOI : Jason, bro, nous sommes arrivés aux mêmes conclusions, toi, moi et ce génial Samuel, nous n'avons plus à courir après Oumuamua et tel autre objet biscornu égaré dans la galaxie, nous voilà face à la vraie fin du monde, et c'est à nous, les Dupont et Dupond de l'espace, et ce Tintin du Missouri, qu'il revient de le lui annoncer et d'essayer de le sauver…

JASON : Les quoi… deux ponts et… tinetine ?

MOI : Des amis d'enfance, les Dupont et Dupond et Tintin, mais laisse, ce sont des subtilités belges améliorées par nous autres Français. Je parle de nous, toi et moi, qui devrons dire qui partira pour le futur et ses merveilles et qui restera sur Terre et périra dans le feu. Je passe sur les questions pratiques, je ne les connais pas toutes. Ce que je veux savoir c'est ce que feront nos gouvernements lorsque le vaisseau-ambulance sera là, à portée de leurs ukases et de leurs bazookas ?

JASON : Je parie qu'ils voudront le réquisitionner pour sauver leurs familles et leurs meubles. D'après notre compréhension des choses, partagée par Samuel, le vaisseau est réglé sur nos ondes cérébrales, les Appelés seuls pourront en prendre possession et le piloter, selon des programmes inscrits dans nos mémoires par l'Entité, et n'embarqueront que ceux que nous aurons choisis selon nos critères.

MOI : Dit simplement, nous serons Dieu dans sa gloire, nous dirons à celui-là, vis et il vivra, et à l'autre, meurs et il mourra. Nous y reviendrons, la question de l'heure est celle-ci : qu'allons-nous faire ici et maintenant, informer nos gouvernements, appeler le bureau de l'ONU, publier des communiqués, trouver des voix puissantes pour porter au sommet notre parole de petits alerteurs anonymes, sortir dans la rue et ameuter les foules ?

JASON : Ne nous emballons pas, nous sommes à J-630. Répondons à la question du moment : irons-nous voir Samuel dans ses bois ou l'inviterons-nous à nous rejoindre ici ? À mon avis, la France le tuera, c'est un vrai écolo, un homme des bois, en venant ici il risque de perdre ses facultés cognitives et son instinct de liberté, or on en a besoin pour communiquer avec l'Entité et nous battre contre ceux que tu appelles les jean-foutre, il a de l'avance sur nous sur ces chapitres. Et puis les States sont le pays de la Sci-Fi, si l'Entité nous visite c'est là qu'elle atterrira, elle sait qu'elle sera accueillie en *guest star* de la belle époque, elle aura droit à la décapotable sur la 5e Avenue à New York, aux confettis plein le ciel, et à un message de bienvenue du *President of the United States of America himself* sur écran géant.

MOI : Tu as raison, buddy, il est trop précieux pour l'humanité, préservons-le des miasmes parisiens, allons à sa poursuite dans les forêts vierges de l'Arkansas et du Missouri. Au passage, je ferai connaissance avec les monts Ozarks dont Wikipédia dit le plus grand bien.

JASON : *Vamos con Dios...* je le dis pour frère Jo qui trouvait que Dieu manquait dans l'affaire.

L'union fait la force
qui engendre la désunion et la désolation

(Extension libre du paradoxe de Zénon)

À compter de cet instant chaque seconde compterait, le compte à rebours s'affolait et obligeait à la plus grande réactivité. Or nous venions de perdre un mois plein, trente jours à ferrailler avec nous-mêmes pour nous convaincre de la nécessité de ce voyage en Amérique, à ruser avec nos chères moitiés Helen et Nelly pour obtenir d'elles visa et bénédiction ; elles étaient encore et toujours sur la raison gouvernementale qui voulait que voyage rime avec épidémie, contact avec contagion et refus d'obtempérer aux injonctions sanitaires de l'administration avec crime contre l'humanité. La Covid-19 est passée par là, elle nous a appris l'art de vivre sous la menace, masqués et tremblants, et en visioconférence devant des écrans plats, loin des gens et des choses ; à ce régime, on se retrouve au clap de fin Grosjean comme devant, seul, pauvre, glacé, et quelque part contaminé par le virus de la folie universelle, *universalis insania virus* dans le codex médical. Au boulot, c'était la Bérézina. Mon université me battait froid, j'étais repéré comme absen-téiste invétéré depuis plusieurs mois, depuis ma vision extatique, qui il est vrai m'avait nota-blement détourné de mes obligations professo-rales. Durant mes absences, on avait accumulé des charges contre moi et là on venait me pré-senter l'addition. En même temps que le corona chinois, notre université, déjà handicapée à tous les étages par la bureaucratie nationale et euro-péenne, et terrassée par la concurrence asiatique, a été touchée de plein fouet par une vague sévère de woke américain, doublé d'une fièvre carabi-née de mièvrerie sirupeuse importée du Canada, d'où la triple peine : on a rejeté ma demande de congé, effacé mes RTT et on m'a mis à l'isole-ment en attendant de me jeter dans la prochaine charrette des condamnés à mort. L'université n'est pas le paradis qu'on croit, c'est là que se conçoivent les révolutions et les misères futures. Je confesse que, pris par mon compte à rebours apocalyptique, je n'ai durant tout ce temps signé aucune tribune, pas une pétition, ni participé à aucune des innombrables campagnes initiées par les profs, les étudiants et la haute hiérarchie de l'université contre les criminels blancs d'hier et d'aujourd'hui. J'ai pu ainsi, malgré moi, donner l'impression que j'étais un mâle blanc réac qui refusait d'avouer les crimes de ses ancêtres et de payer le prix fort.

De son côté, Jason n'avait pas réussi à seu-lement entrapercevoir son directeur, l'heure était à la panique dans la prestigieuse CSGE, la compagnie des systèmes de guidage électronique : ça venait de tomber, c'était à la une du *Financial*, de Bloomberg, des *Échos* et de *L'Usine nouvelle*, son bénéfice annuel net n'avait progressé que de 127%, quand ses concurrents asiatiques affichaient des 200 et des 300% insolents, le big boss ne décolérait pas, il tirait dans le tas, sans sommation ni retenue. L'aigle américain battait de l'aile, il se mourait, monsieur, il est mort, vive le dragon chinois. Le fonds d'investissement qui parasitait la compagnie, basé dans un paradis fiscal planqué au diable vauvert, menaçait de délocaliser, de fermer le site et d'en appeler à Blackwater, aux Tchétchènes ou à Wagner. Or nous avions besoin d'une pleine huitaine pour traverser l'Atlantique, rejoindre les monts Ozarks, conférer le temps nécessaire, adopter un plan d'action, choisir un QG stratégique d'où nous dirigerions les opérations de sauvetage de l'humanité selon les plans enregistrés dans nos mémoires profondes.

Tenant compte de ce que la planète cessera d'exister dans moins de cinq cent quatre-vingts jours et que nous en avions perdu trente d'un coup en vaines démarches, nous brisâmes net, n'écoutant plus que le devoir, passant outre les avis, les refus, les avertissements, les menaces, et quarante-huit heures plus tard nous étions à Warrensburg dans le comté de Johnson, État du Missouri. Samuel, que nous avions contacté par le truchement de la radio de la sainte Église des Appelés du Septième Jour, avec lequel nous avions beaucoup échangé par mail et visio, nous attendait à l'aéroport.

C'était bien lui, là, le grand échalas, un écolo-sauvage authentique qui derrière des airs penauds cachait une vraie force de caractère. Il n'était pas habillé de peaux de bête comme nous l'espérions pour le fun, ou chiquement avec de la toile synthétique chimiquement neutre de Décathlon, mais de bons vêtements écrus qui répondaient à tant de labels écologiques et équitables que nous nous sommes demandé où diable et comment il avait été possible de les confectionner. À ce niveau d'exigence, l'écologie est un luxe ruineux même pour les milliardaires endurcis, en plus d'être une prouesse technologique inaccessible au commun des industriels. Samuel est bien du genre à avoir plein d'exigences extrêmes et de s'y tenir scrupuleusement. En France, je n'en vois qu'un ou deux comme ça, face au nombre des Khmers rouges, ceux-là, les Douch et compagnie du fameux S-21, qui tiennent chaire ouverte sur le petit écran dans des émissions grand public retentissantes, grâce à quoi la France est devenue, à l'insu du ministre de l'Éducation nationale ou avec sa bénédiction, la plus grande, la plus pensante et la plus sinistre école d'écologie punitive du monde. On baigne dans le sang et la souffrance. L'État subventionne tout cela, c'est connu, mais le gouvernement semble ne pas le savoir. C'est tout le mystère des arrangements secrets, on perd de l'information en cours de route.

Nous avons rejoint un Cessna 172 Skyhawk, fonctionnant à l'éolien et au solaire, qui nous attendait dans une autre zone de l'aéroport, et fouette cocher[1], direction les monts Ozarks. Amis lecteurs aspirants sincères au bien et au bonheur équitables, si vous cherchez un paradis sur Terre, c'est ici que vous le trouverez. Mais comment choisir, il y en a tant, à chaque détour, de toutes sortes, pour tous les goûts, toutes les religions, toutes les bourses, sur une superficie de cent vingt mille kilomètres carrés qui s'étend entre les rivières Arkansas et Missouri sur quatre États, l'Arkansas, le Missouri, l'Oklahoma, le Kansas, et mord un peu sur l'Illinois. Le tourisme de masse, qui connaît dans la région une croissance cancéreuse depuis la conquête de l'Amérique par les Chicago Boys et les Reaganomics, rois de la dérégulation sauvage, premiers inventeurs et chantres du ruissellement bienheureux, mais pas les derniers, n'a pas réussi à les transformer en paradis artificiels et en foyers de misère sous-jacente, la nature résiste et joue de sa beauté farouche pour tenir à distance les corrupteurs et les fossoyeurs. Jusqu'à quand le pourra-t-elle, on ne sait, le Mal

---

1. Le lecteur l'aura compris, je n'appelle pas ici à maltraiter nos frères et amis les animaux. «Fouette cocher» est une expression des temps barbares, qu'il importe de bannir. L'expression correcte aujourd'hui serait: «Allez, cocher, caresse le cheval!», s'il y avait encore des calèches et des cochers. Comprenons-nous bien, nous parlons ici d'engins automobiles, de chevaux fiscaux et de champignons qu'on peut écraser à mort s'il nous plaît.

n'est jamais à court de ruses et de patience, et nous savons qu'au final il triomphe toujours. Notre Dieu de la sainte Trinité, qui n'est que bonté, amour et wokisme transcendant, ne fait pas le poids devant lui, s'il n'a pas déjà abdiqué, s'il ne s'est pas déjà mis à son service. En tout cas, ce n'est pas lui qui vient nous sauver mais un Extraterrestre anonyme, ressortissant d'une galaxie parmi des centaines de milliards d'autres qui meublent le ciel infini. Quand le vaisseau providentiel surgira d'un trou de ver de l'espace et viendra nous emporter vers la Terre promise (Terre-Neuve nous la baptiserons si le nom est libre de droits), c'est avec foi et conviction, promis juré, que nous entrerons dans la religion de l'Entité, si elle en a une, pour ce qu'elle aura réalisé ce qu'aucune religion terrestre n'a réussi à faire : tenir ses promesses.

Samuel a trouvé dans cette profusion de paradis, plus puissants les uns que les autres, un paradis encore plus grandiose et de ses mains y a construit un gîte à l'ancienne tout en rondins bruts calfeutrés à la mousse naturelle qu'on aimerait squatter pour le restant de ses jours. On comprend son hypersensibilité aux appels de l'au-delà, nos forces intérieures viennent toutes, en grande part, de notre environnement, et le sien est magique. Ici, la nature n'est que mystère, exaltation et volupté. Au moment de passer à table, nous apprendrons qu'il est vegan, qu'il pratique le jeûne intégral, qu'il ne boit que l'eau de source qu'il puise lui-même à la source, et qu'il est économe sur tout le reste, et on se souvient que deux fois l'an il pratique la survie extrême, dont des gens comme nous qui mangeons à satiété matin, midi et soir, week-end compris, ne sortiraient pas vivants. Profitant d'un moment d'inattention, Jason et moi courûmes chez McDo, *the friendly killer*, faire le plein de graisses saturées, de gélatine fluo, de sucres radioactifs et autres poisons euphorisants. C'est la peur de la faim qui est cause des excès de table et des comorbidités associées, et non l'abondance des mets et les incitations sataniques de la publicité. Ce n'est pas avec ses dents qu'on creuse sa tombe, comme on croit, c'est avec la peur au ventre. Il n'y a pire fou qu'un affamé, il tuerait père et mère pour un quignon de pain. Donnez-lui à manger à satiété et il s'endormira heureux comme un roi. Rien au cours de l'histoire n'a plus terrorisé les humains que la famine, raison pour quoi la politique de la Terre brûlée est la plus puissante des armes de dissuasion. La vision, à perte de vue, de décombres fumants enlève tout ce qui peut nous rester d'espoir de voir la Terre reverdir et remplir de nouveau nos assiettes.

*

Nous passâmes quelques jours à faire connaissance, avant d'en venir au sujet. Notre conférence sera aux yeux des historiens du futur plus importante pour l'humanité que le fut la rencontre de

Yalta entre Churchill, Staline et Roosevelt en février 1945, qui n'ont libéré le monde que pour se le partager en héritage éternel. Notre idée est que l'Entité qui nous parle de l'autre bout de l'Univers a un pouvoir si immensément colossal qu'elle doit, ontologiquement parlant, être incapable de comprendre ces mots, gagner, asservir, posséder. Quand on peut tout, on ne rêve de rien. Dieu le Tout-Puissant suprême et transcendant n'a rien, ne cherche rien, ne rêve de rien, ne craint rien, il est hors du monde, au-delà de sa propre conscience de soi. Il n'est que parce qu'il n'est pas, sinon il serait contingent, prisonnier comme nous de l'espace et du temps et, quelque part, soucieux de son devenir. S'il possède un seul atome de l'Univers, Dieu n'est plus Dieu, il est un propriétaire foncier comme les autres, soumis à la loi cadastrale.

Nous nous fîmes un schéma clair de la situation : il y avait d'un côté notre conviction absolue d'avoir été choisis par une entité extraterrestre pour sauver l'humanité et de l'autre, grosse comme l'Himalaya, il y avait notre ignorance totale du pourquoi du comment des choses. Nous étions dans la position des prophètes de la Bible, des bergers, des chameliers innocents, qui n'avaient de soucis que pour leurs bêtes, et qui, un jour, furent au dépourvu traversés par une voix d'ailleurs qui les appelait à s'inquiéter pour l'humanité et à sauver le monde, mais dont ils ne comprenaient traître mot de son charabia : « Qui me parle sans se montrer ? C'est quoi le monde, où est-il ? Le sauver de quoi ? C'est quoi l'humanité ? C'est quand la fin des temps ? C'est où l'au-delà ? » Ils ont obéi parce qu'ils étaient terrifiés, puis, chemin faisant dans le désert et le délire, ils se sont fait une raison et de leur soumission ils ont fait un sacerdoce trop lourd pour leurs épaules ; ils moururent de la mort des pauvres fous, ne laissant derrière eux que légendes et polémiques, songes creux et folies collectives. Un jour, nous saurons pourquoi les hommes s'épuisent à vouloir se sauver et sauver leur monde alors que par le fait même de leur existence ils sont mortels, déjà morts, cher monsieur, promis à l'oubli éternel, déjà oubliés, ma pauvre dame. La grandeur n'est pas de contrarier le cours immuable des choses au nom d'un dogme relatif mais de les regarder s'accomplir dans leur mystère absolu. Avons-nous le droit de priver l'homme de sa mort, la seule vraie grande affaire de sa vie ? Qui sait sur quoi elle ouvre ? Comment avons-nous pu croire que la vie avait droit à l'éternité quand on sait qu'elle n'existe pas par elle-même, qu'elle n'est pas une génération spontanée, qu'elle dépend de tant d'innombrables et improbables combinaisons de choses et d'autres que son cours ne tient jamais qu'à un fil ? C'est bien pour elle, la vie, et pas seulement pour sa Terre, sa demeure et son cercueil, que sonne le glas du compte à rebours qui rythme nos jours. La vie meurt, c'est tout bête, et drôlement contradictoire.

Or, sans celle-ci, que deviendrait la mort, reine immortelle ?

Après quelques journées d'intenses débats, nous sommes parvenus à la conclusion que notre mission consisterait en première étape à seulement ceci : désigner ceux qui seraient sauvés, et par symétrie ceux qui ne le seraient pas. Mais comment le vaisseau les reconnaîtrait-il ? Un marquage sera nécessaire, un sésame, une croix sur le front, une aura clignotante, un tatouage au bras, un badge au cou, un bracelet électronique au pied. La porte du vaisseau s'ouvrira ou ne s'ouvrira pas, c'est selon.

Une autre question nous a pas mal agités : sommes-nous les seuls à avoir été enrôlés par l'Entité ? Si oui, pourquoi nous ? Si non, où sont les autres officiants ? La logique voudrait qu'on y réponde de cette unique façon : nous ne sommes pas les seuls et certainement nos confrères inconnus sont-ils arrivés aux mêmes conclusions. La logique exige que le contact entre les Appelés s'établisse, et le plus vite serait le plus logique. Combien d'officiants faudrait-il pour trier la population mondiale dans le temps qui reste à courir jusqu'au jour J : un pour mille, pour cent mille, pour dix millions… un par pays, par continent ? On procède comment, par tirage au sort, au feeling, sur étude de dossier, par quotas ? Mais s'il n'y a que nous, eh bien à Dieu vat, nous ferons ce que nous pourrons, nous travaillerons sur des catégories larges, et tel le commandant du *Titanic*, seul maître à bord, nous sauverons les femmes et les enfants, puis les vieilles personnes, et remettrons les autres à la grâce de leurs dieux, ils seront pris d'affolement, se jetteront dans le vide, s'accrocheront aux bastingages, se battront à mort pour une bouée, puis se résigneront et peut-être mourront-ils sereins.

— Au lieu de cauchemarder, voyons plutôt comment nous établirons notre justice, une vraie justice, pas celle des quotas et des catégories. Il nous faut une philosophie, des critères, une table de la loi… Nous devrons être sûrs de notre jugement et fermes dans nos décisions pour ne pas sombrer dans le doute et la torture morale…

— Et un corps de sécurité pour nous protéger, nous serons la cible des puissants, ils voudront mettre notre pouvoir à leur service…

— En cas de désaccord sur nos choix, on fait quoi, on vote, on transige, on révise la table de la loi, on fait schisme ?

— Nous sommes trois, dans tous les cas, deux se ligueront contre le troisième, ce systématisme posera problème, on ne pourra jamais avancer.

— L'idée de la sélection me gêne. C'est quoi, un principe moral supérieur qui ferait droit aux seuls méritants selon nos critères ou une contrainte physique tenant à la contenance du vaisseau, ou quoi d'autre ? Dans les deux cas, la population constituée par notre choix devra être structurellement cohérente aux plans sociologique, démographique, anthropologique, culturel, pour créer un monde viable dans la nouvelle planète. Des femmes et des enfants seuls ne font pas racine, des vieillards ne font pas avenir, des sages ne font pas vie… On sait à quoi mènent les assemblages de bric et de broc, moulés à la va-vite, c'est la fabrique de l'ennemi à vie, le séparatisme à la tronçonneuse et la guerre des tranchées dans la zone de démarcation. C'est fou, pour rassembler il faut d'abord séparer, c'est le prix de la paix et la voie des unions volontaires.

— Si nous ne les sélectionnons pas, le vaisseau repartira à vide… J'imagine qu'il est programmé pour prendre le large au plus tard la veille de l'explosion de la planète, qu'il soit vide ou plein.

— Dans sa vision, Jason a vu que le vaisseau avait embarqué des foules innombrables…

— Si un Appelé ne participe pas à la sélection, que ferait-il parmi nous, pourquoi même embarquerait-il, les places ne sont pas gratuites.

— Comment contacter nos confrères les Appelés, telle est la question.

— À mon avis, ils se manifesteront tout seuls… comme les Rois mages, une étoile les guidera jusqu'aux monts Ozarks…

— Pourquoi pas Paris, devant la bouche de métro où nos regards se sont croisés, là où le hasard m'a mené au pied de ton immeuble ?

— Question de grandeur et de majesté. Paris est une poubelle et un coupe-gorge pas possible et tu connais les mœurs de ses édiles, c'est à vomir ses tripes.

— Les Rois mages sont arrivés dans une étable !

— Oui, mais une étable juive, hyper casher donc !

— C'est le poupon Jésus qui l'illuminait avec son auréole.

— Aucun doute, la postérité optera pour les monts Ozarks et fera de nous des prophètes interstellaires missionnés par un dieu extra-galactique nommé Entité. On l'aura remarqué, j'espère, toutes les religions font bonne place aux montagnes dans leur tableau symbolique, le mont Moriah, le mont Sinaï, le mont Horeb, le mont Sion, le mont du Calvaire, le mont Thabor, Djabal al-Nur, Safa et Marwa, le Marpori – la « colline rouge » –, le Machu Picchu, la butte Montmartre, etc.

— Et le tremblement suivra : on écrira des bibles pour établir notre geste et notre enseignement, on construira des temples, on élèvera des autels, on organisera des pèlerinages, on fera commerce de nos reliques…

— Pour le laïque religieusement sceptique que je suis, c'est insupportable.

— On fera de faux miracles pour nous légitimer…

— Satan ne tardera guère à se montrer, s'il n'est déjà à la barre depuis le début.

— Qui tiendra le rôle de Judas ?

— Si nous voulons bâtir un vrai monde, bien réel, laissons les religions derrière nous. Décidons-en ici et maintenant : pas de religions dans notre nouveau monde, pas de fanatiques dans notre vaisseau qui ne rêvent que de djihad et d'extermination.

— Il faudrait examiner l'idée qu'on laisse les choses suivre leur cours, la planète disparaîtra et son humanité avec, c'est le plus simple, le plus sain, la Terre n'est pas que son habitat, elle est sa matrice, elle a conçu sa biologie et fait le reste avec son atmosphère, sa gravité, son magnétisme, ses saisons, ses légumes, et un milliard de choses qui relèvent du magique, du hasard, de l'impossible. On ne sépare pas les enfants de leur mère, ils cesseraient aussitôt d'être des enfants chéris pour devenir des scories d'une chimie ratée. Une planète c'est ça, pour y vivre, il faut l'aimer et la respecter, il faut des liens biologiques, nous devrons subir des mutations génétiques fondamentales pour devenir les enfants de notre future planète... Je pense que le vaisseau a un laboratoire pour nous refaire le code génétique et la structure moléculaire.

— Bonjour Frankenstein !

— Bonjour Darwin, on recommencera le cycle, *Homo habilis*, Néandertaliens, Cro-Magnon jusqu'à l'*Homo miserabilis* de fin de cycle que nous sommes devenus...

— Arrêtons ça tant que c'est possible... si l'Entité veut sauver l'humanité, qu'elle le fasse elle-même, refusons la responsabilité morale qu'elle fait peser sur nous !

— Avons-nous le choix ?

— On nous accusera de crime contre

l'humanité et de génocide pour ceux que nous laisserons sur Terre.

— On nous accusera de n'avoir pas fait ce qu'il était possible de faire pour sauver ce qu'il était possible de sauver... procès dans les deux cas.

— C'est toi qui as vu dans ta vision que le voyage durait mille ans et que pendant la traversée nous serions préparés sur divers plans, génétique, psychologique, scientifique, etc., pour réussir notre amarrage à la vie sur Terre-Neuve.

— Le sauvetage aura lieu, nous ne sommes pas les seuls Appelés, certains refuseront de participer au jury de la mort et de la honte, mais d'autres se battront pour avoir ce job si bien payé.

— Les malins sauveront en priorité leurs semblables, avec l'idée de s'assurer les meilleures places dans le nouveau monde...

— Les Appelés ne sont pas des anges et pas forcément des diables, j'imagine que notre ami E.T., qui entre si facilement dans nos mémoires intimes pour y déposer ses programmes à retardement à l'instar du coucou qui pond son œuf dans le nid des voisins, sait de quoi les humains sont faits...

— Nous sommes des êtres palimpsestes, effaçables et imprimables à merci.

— Nous sommes dépositaires de mille cultures et autant de vérités.

— Des fausses surtout, tu l'auras remarqué.

— Passons la main aux pouvoirs publics, eux

seuls ont les moyens de mener à bien une opération Arche de Noé dans le contexte de folie qui
va s'emparer des foules quand le vaisseau sera là,
obscurcissant la moitié du ciel, et que nous trois,
juchés sur le pavillon d'une bagnole, commen-
cerons avec des mégaphones et de grands gestes
à leur expliquer la marche à suivre… À mon avis
les gouvernements n'auront pas d'autre choix
que le bombardement massif pour les calmer.

— On mourra deux fois, écrasés et pilonnés.
L'Entité sauvera quoi, nos cendres ?

— Quels gouvernements nous écouteraient ?

— D'une manière ou d'une autre, ils sauront, ils savent toujours. La CIA et le FBI doivent
en savoir autant que nous, ils ont des logiciels
qui à partir de vagues indices et quelques hypothèses en lien avec l'actualité savent construire
des récits plausibles et y déceler des intentions.
Ils ont Oumuamua, ils ont l'incroyable signal
radio de 18/11, ils ont ton interview à la radio
des Appelés du Septième Jour, qui a fait un buzz
pas possible sur les réseaux sociaux, ils ont les
enregistrements de nos conversations télépho-
niques qui ont dû chatouiller les grandes oreilles
de la NSA, nous avons parlé tant et plus de la fin
du monde, de la mort de l'humanité, d'Extraterrestres, de bombes atomiques, de compte à
rebours. Ce n'est pas rien, elle n'avait qu'à comparer avec les données d'avant le 11/9 pour voir
le complot se mettre en place.

— Le problème n'est pas de savoir, mais d'agir
en temps et lieu.

— Les gouvernements n'agissent jamais, ils ne disent pas la vérité aux peuples, ils les tiennent mieux avec le bruit organisé, le buzz et la com.

— Parmi les Appelés, il y a sûrement des gens puissants qui sauront les convaincre de la réalité de la chose.

— Quand ils verront les foules se former et s'interroger dans le désordre qu'on imagine, crois-moi bien, ils viendront vite aux nouvelles.

— Comment discuter avec une foule en délire ?

— On bombarde.

— On organise une pandémie, une crise systémique, une nouvelle guerre, on sort de vieux dossiers. La peur les fera tous rentrer à la maison, la queue entre les pattes.

— Nous voilà au même point.

— Partir de rien ne mène à rien.

— Serons-nous plus efficaces si nous sommes nombreux à nous interroger ?

— Le nombre fait la polémique et la division.

Jason et moi avons repris la route pour Paris, où nous attendaient de pied ferme nos chères moitiés et nos méchants et vindicatifs employeurs.

*Des événements à documenter
pour le futur. Oublier c'est vivre
comme un mort qui s'ignore*

Quand notre chère planète, notre mère éternelle, aura disparu, nous n'aurons que notre mémoire pour nous souvenir d'elle et seulement nos larmes pour la pleurer. Quoi qu'il se passe le jour J, nous devons jusque-là continuer à vivre normalement, dignement, profiter de sa beauté, de sa générosité, et lui dire notre amour de fils reconnaissant et d'amant fidèle. Accomplissons aussi ce devoir : tout noter de nos derniers jours avec elle pour transmettre une mémoire complète à ceux qui naîtront de nous dans le nouveau monde. Notre fin étant leur genèse, soyons exhaustifs et précis. Abondance de savoir ne peut nuire ou alors cela voudrait dire que nous sommes nés sous une mauvaise étoile, ce n'est pas le cas, nous devons tant de merveilles à notre étoile, notre beau, grand et généreux Soleil. Notre espoir est que l'astre qui illuminera la vie de nos descendants dans leur nouvelle galaxie sera aussi magnifique. Ils seraient bien avisés de l'appeler New Sun comme nous avons par avance donné à leur future planète le nom de Terre-Neuve. Les autres Appelés n'y verront j'espère aucun impérialisme chauvin de notre part, nous avons choisi le français et l'anglais pour la raison que je suis français et que Jason est américain et non parce que nous pensons que nos langues sont certainement les plus belles du monde. La preuve de ma sincérité est que, si un vote intervenait pour choisir la langue officielle de notre futur État galactique, j'opterais pour le danois ou le dzongkha, la langue du Dzongkha (le Bhutan), parce que au Danemark le DK pour les siens, et au Dzongkha, le DKh pour les siens, le bien-être de tous est la religion du peuple, la loi fondamentale de l'État et le souci premier du gouvernement. On a le droit de penser qu'il y a un lien de cause à effet entre la langue parlée par un peuple et l'aptitude de celui-ci à générer du bien-être autour de lui. On voit mal un peuple pratiquant une langue brutale dans ses intona-tions et vulgaire dans ses respirations énoncer de grands principes de convivialité et de modé-ration, mais pourquoi pas. L'âne braie horrible-ment et pendule si vulgairement du manche à casser des glands mais il est le plus délicieux des animaux.

Enregistrons déjà cette première nouvelle, elle est merveilleuse : le big boss de la CSGE, qui avait un plan pour nous défenestrer sans parachute ni indemnités et nous remplacer par des merce-naires, a été débarqué par les actionnaires, qui ont subitement compris que la voracité qui les a enrichis pouvait aussi les ruiner. Nous l'avons appris alors que nous venions de poser pied sur le tarmac de Roissy-CDG. La bouffée de joie nous a remis au clair le cerveau embrumé par neuf heures de vol sans escale depuis Chicago. Helen qui avait téléphoné à Jason pour lui annoncer le dégommage du boss semblait ne lui tenir aucune rigueur d'avoir abandonné le foyer conjugal pour une tocade extraterrestre en Amérique du Nord. Voilà deux soucis de moins pour lui.

Ce fut aussi simple pour moi. En fait, Nelly ne s'était trop guère aperçue de mon absence et n'a pas davantage remarqué que j'étais rentré tête basse au bercail, sa guerre contre le ministre et ses troupes aéroportées avait pris une dimension apocalyptique le jour même de mon départ, lorsque ledit ministre avait laissé entendre dans un cocktail parisien qu'il mènerait à terme sa réforme, cela dit sur un ton badin pour ne pas dire crétin. Réforme, quelle réforme?!! Personne n'avait entendu parler d'une chose pareille, à commencer par lui et pas davantage les machinateurs de son usine à gaz de la rue de Grenelle, ni le palais de l'Élysée, ni l'hôtel de Matignon, ni le palais Bourbon, ni le palais du Luxembourg, ni aucun autre palais de la République, ni ses collègues du gouvernement, et pas plus les neuf vénérables Veilleurs de la République du Palais-Royal au 2 rue de Montpensier, dont chacun sait qu'ils ont le tocsin léger et la retoquade rapide malgré leur âge chancelant. Il a simplement fait ce que font tous les ministres quand ils se trouvent devant un public élégant, ils s'essaient à dire des choses élégantes, susceptibles de laisser trace dans l'almanach du ministère. Il a raté la marche pour le coup ou loupé le coup de la marche en avant. Il voulait peut-être seulement dire qu'il travaillait bien, qu'il était content de lui, que son chef l'avait à la bonne et qu'il y avait de l'avancement dans l'air dans son horoscope. Des bénévoles ont enquêté. L'affaire de la réforme inconnue serait partie d'un café du commerce, sis place de l'Opéra à Paris, un dimanche matin lumineux pendant les vacances scolaires du printemps. Un paisible retraité de l'Éducation qui aimait y prendre son petit déjeuner dominical aurait entendu ses voisins de table, des Belges reconnaissables à leur costume national et leur inimitable phrasé, parler de la réforme que le ministère belge de l'Éducation (qui se divise en trois bâtiments, un wallon, un flamand et un bruxellois) mettait en œuvre à la satisfaction unanime des syndicats, des enseignants, des parents, des élèves et de la presse belge, aussi bien wallonne que flamande et bruxelloise, ainsi que de tous les observateurs attitrés, ce qui ne s'était jamais vu depuis la fondation de ce royaume magique dont la devise nationale est « L'union fait la force ». Bel exemple en effet d'union et d'intelligence pratique. Ledit retraité émerveillé a raconté autour de lui ce miracle époustouflant, mais sans esprit de propagande, juste pour faire la conversation à des gens qui s'ennuyaient, oubliant toutefois de préciser que ses voisins de la terrasse du café du commerce étaient des Belges et qu'ils parlaient de leur pays. C'est parti comme feu dans la prairie, en un tour de piste la réforme belge est devenue par confusion, omission et ouï-dire la réforme française du siècle. On le sait depuis longtemps, depuis Platon et les sophistes, il n'est nul besoin de voir une chose pour y croire, ce que refusait l'apôtre Thomas, et on sait depuis les cartésiens et les casuistes que si on y croit assez on n'est jamais très loin de penser qu'elle existe de fait et de *jure* et qu'alors en discuter comme d'une affaire courante est assez légitime. Syndicats, enseignants et parents d'élèves se sont dressés vent debout contre la chose inconnue, considérant qu'elle ne répondait en rien aux propositions formulées par les enseignants lors des 77e assises de l'Éducation nationale, complétées par les recommandations de la 36e conférence des présidents d'académies, celles du 18e séminaire des pédagogues et psychologues, et celles proprement comminatoires de la 113e AG de l'intersyndicale estudiantine, et qu'en plus elle était menée avec arrogance et mépris en dehors de tout cadre légal de concertation. On exigea la démission du ministre, qui refusa net, arguant de la satisfaction unanime de la population. On le menaça de mille façons, de la correctionnelle, de la Cour internationale de justice, de la Cour de justice de l'Union européenne et de la Haute Cour de justice près le Parlement. Le ministre, un rien pédant, affirma que réformer n'est pas un crime. Le PR et le PM l'ont courageusement soutenu : « Notre grand ministre n'a pas démérité, ce nous semble, sa réforme est magnifique, le peuple l'a acclamée, le monde nous admire et cherche à nous imiter, Bruxelles veut la généraliser à l'Europe, il serait bon qu'elle se poursuive, en tenant compte bien évidemment des propositions et recommandations pertinentes des assises, des conférences, des séminaires et des AG, sans oublier les directives de Bruxelles et les amendements que le Parlement européen souhaiterait y apporter à sa prochaine session. » On était déjà à 9 sur l'échelle de Richter. L'affaire s'est brusquement compliquée lorsque la Belgique amie, choquée par l'impérialisme de son insupportable voisin, a émis de vives protestations diplomatiques et exigé qu'on lui restitue sa réforme et en son état initial. Nos descendants ne sauront jamais rien de cette réforme invisible qui a dérivé d'un pays à l'autre comme un vaisseau fantôme, mais ils auront de quoi méditer sur la puissance créatrice des cafés du commerce ayant pignon sur rue. Ce qui s'y dit, comme par miracle, devient vérité vraie et fait du reste des hadiths obscurs auxquels pas un croyant ne saurait croire s'il n'est au départ malintentionné. Mieux vaut table en café de commerce pour énoncer vérités et contre-vérités qu'amoud, chaire et minbar en synagogue, église et mosquée pour rappeler de vieux psaumes éculés et autant de sourates abrogées. Aux dernières rumeurs, le ministre serait pressenti pour le superministère des Réformes et de l'Unité européenne. La suppression du ministère de l'Éducation nationale ou son rattachement au ministère des Antiquités serait à l'étude au sein d'une commission de bénévoles mais on ne connaît pas encore l'identité du pays qui a pris une telle horrible décision.

L'université m'accueillit plus que fraîchement. Une gorge profonde proche des éminences m'a révélé qu'il ne manquait qu'un papier ou deux et quelques témoignages pour boucler l'instruction de mon dossier et me livrer au lynchage. C'est heureux, les wokistes ont le souci du formalisme judiciaire, ils ne lynchent pas sur un dossier vide et jamais ils ne pendent les fous avant de les guérir. Ils me soumettraient d'abord à des examens psychiatriques pour se rassurer sur ma santé mentale.

Si l'on s'en souvient, mon idée première était de me garer de l'université et de me consacrer à plein temps à la mission que l'Entité nous a attribuée, mais lors de notre conférence d'Onondaga Cave (une caverne plus majestueuse que la grotte de Massabielle à Lourdes), Jason et moi avons révisé nos plans, sur l'avis de Samuel. Nous avons jugé plus sage de continuer à vivre normalement et d'attendre l'arrivée du vaisseau qui activera nos applications téléchargées et nous installera officiellement en tant que commandants en titre de l'opération Arche de Noé dans ses trois stances : sélectionner, embarquer, installer.

Autre jolie nouvelle à noter : j'ai désamorcé le procès en racisme blanc qui m'était intenté en publiant une lettre dans *L'Étudiantéclairé.fr*, le journal en ligne des étudiants de l'université. Elle a fait miracle. De proscrit promis à la charrette elle a fait de moi le wokiste de l'année, le meilleur Blanc anti-Blancs qui soit et le champion de l'écriture inclusive. Je l'avais libellée ainsi :

Cher.e.s étudiant.e.s,

Des circonstances exceptionnelles dans ma vie personnelle ont fait que ces derniers mois, j'ai pris quelques distances avec les nobles activités militantes que notre communauté, professeur.e.s, assistant.e.s et étudiant.e.s, mène sous l'impulsion de la haute hiérarchie de notre prestigieuse université contre les dérives négatives et négationnistes de l'Occident et de sa civilisation corrompue. Non content de dominer le monde, il veut enfermer les merveilleux peuples colorés de la périphérie dans ses schémas de pensée, sinon les nier, les exclure, voire les anéantir, ce qu'il n'a pas manqué de faire en ces pays lointains qu'il pillait et saccageait jadis sans témoins à l'horizon qui pourraient rapporter ses crimes à la bonne société d'hypocrites qu'il avait fondée chez lui pour jouir bourgeoisement du fruit de ses pillages.

Notre université a bien de la chance de vous avoir. Avant les autres, avant nos ami.e.s américain.e.s wokes, vous avez compris l'unité profonde du monde et la nécessité pour lui. elle de transmettre un enseignement débarrassé des germes de la division et des définitions péremptoires arbitraires et péjoratives, facteurs de haine et de violence, édictées par l'homme blanc, sans oublier sa compagne blanche qui souvent est plus venimeuse. Vous l'avez bien compris, le temps de ce monstre froid est fini, les non-Blanc.he.s ne vous remercieront jamais assez de leur avoir ouvert les yeux et appris qu'il.elle.s étaient des humain.e.s, eux.elles aussi, qu'il.elle.s existaient en qualité et en droit, et tel le chevalier noir Toussaint Louverture terrassant les spoliateur.rices blanc.he.s, de prendre leur défense.

J'ai eu une vision mystique qui m'a édifié : elle confirme votre analyse, l'Occident vit ses derniers jours, une immense vague vengeresse se lève à l'horizon et tout bientôt viendra l'emporter dans le néant. Le voilà averti, nos gardes rouges d'étudiant.e.s, lycéen.ne.s et d'écolier. ère.s se déchaîneront, il.elle.s ne feront pas de quartier. N'en réchapperont que c.eux.elles qui sauront faire contrition sincère et ramener beaucoup de scalps de leurs ex-coreligionnaires. Notre université sera pleinement engagée dans ce processus de rénovation de l'humanité. Les Noir.e.s, les Basané.e.s, les Jaunes, les Rouges, les Vert.e.s seront heureux.ses sous notre vigilante protection. Nous les protégerons de nos crimes au péril de nos vies. Dans ma vision, j'ai vu que certain.e.s champion.ne.s parmi vous le seront de manière éminente. J'ai même vu, sans toutefois distinguer ses traits, que le.la commandant.e en chef.fe mondial.e de la noble croisade était des nôtres, parmi les plus éminent.e.s.

Je veux prendre ma part dans ce beau combat. Je demande donc à tou.te.s de me compter parmi eux.elles.

C'était pompeux à souhait, et un brin collabo, mais les wokistes adorent se battre la coulpe devant leur miroir et se gargariser l'arrière-bouche avec de l'eau croupie pour mieux se vomir. Ne pas les contrarier, il faut au contraire les pousser au ridicule qui tue.

Je n'en demandais pas tant, non seulement j'ai été réintégré dans le jeu, mais, bonheur suprême, les éminences me saluaient du bout du doigt et me souriaient du coin de l'œil lorsqu'ils me croisaient dans les couloirs et que, en signe de profonde allégeance à l'Ordre Nouveau, je me collais prestement au mur, dos courbé et regard bas, pour les laisser passer. Très généreusement, les étudiants engagés dans les troupes de choc m'ont demandé de rejoindre le comité de rédaction de *L'Étudiantéclairé.fr* et le bureau du très discret groupe de vigilance inter-universités, dont j'ignorais l'existence, qui serait la porte d'entrée ultrasecrète dans l'état-major des FEAR, les Forces inter-ethniques d'action et de redressement, basé à l'étranger. Et, succès suprême, il s'est formé autour de moi un groupe de jeunes amoureux transis qui n'attendaient qu'un mot de ma bouche pour constituer une belle secte au service des damnés de la Terre. Je n'ai pas dit non, car on ne dit pas non à des amoureux transis, ils vous tueraient. Je m'en suis sorti avec une sentence puissante tirée de la vieille sagesse chinoise : « Il faut cueillir le fruit quand il est mûr. » Si à un moment il s'avérait vital de se dégager à fond, j'utiliserais la méthode brevetée par Samuel, elle est infaillible. Il faut la raconter, elle est croustillante.

Un mois après notre retour d'Amérique, Samuel nous en a appris une bonne : il s'était créé autour de lui quelque chose qui n'était pas une secte mais qui y ressemblait autant qu'une fausse réforme française ressemble à une authentique réforme belge. Au départ c'était un rassemblement de copains qui s'étaient recrutés parmi les habitués des randonnées mystiques et des retraites écologiques organisées par Samuel dans les profondeurs mystérieuses des monts Ozarks ; l'atmosphère magico-baroque des lieux aidant, le rassemblement a vite pris la forme d'une tenue blanche maçonnique fermée ou d'une soûlerie druidique réservée. De là est né un embryon de secte qui s'est baptisé Les Appelés d'Ozarks. Voulant innover par rapport aux boomers, leurs pères et grands-pères, mères et grands-mères, hippies bordéliques des sixties, et se distinguer des randonneurs du dimanche tractés par des sherpas syndiqués, ils se sont tatoué le corps et tagué le poncho au gros feutre rouge avec ce qui sera leur signe de ralliement, un J-780 au-dessus du sigle officiel du parc : Ozark Park Missouri. Son interview à la radio de l'Église évangéliste des Appelés du Septième Jour avait été l'élément déclencheur. Le standard de la station avait sauté dix fois pendant l'émission et autant de fois les jours suivants, et faute de liens pour contacter Samuel les jeunes du comté puis de l'État du Missouri, rejoints par les jeunes de l'Arkansas et du Kansas, avaient afflué dans les parages d'Onondaga Cave à l'est d'Eleven Point. Quand Samuel apparaissait sur son nuage (ils le voyaient ainsi, lévitant, tel Jésus marchant sur les eaux de la mer de Galilée, alors qu'il portait des échasses de berger en fibre de verre transparent, grâce à quoi il marchait dans la caillasse sans risque pour ses chevilles), ils le saluaient en entrant en eux-mêmes et d'une voix caverneuse égrenaient à leur manière le compte à rebours : 8… 7… ZÉRO ! et d'un coup s'abîmaient dans un silence postapocalypse sidérant. Samuel était pris dans le piège gravitationnel des croyants transis et des néophytes ardents. Les religions, les sectes et tous les malheurs du monde qui viennent avec, ce sont ces petits nerveux de derrière les fagots qui les fabriquent, pas les prophètes qui ne demandent qu'à passer leur chemin dans la lumière du jour après avoir délivré leur message et pris le pot de l'hospitalité, pas les vrais croyants qui naviguent dans la stratosphère de la foi et de l'ivresse. Il dut les calmer avec un beau sermon sur les forces cosmiques au secours de l'humanité, les bénir, leur promettre des victoires éclatantes, et, magnifique ruse de sa part, il leur annonça que, touché par leur sublime amour de la vérité, il entrait dès cet instant en retraite de pénitence purificatrice et de sublimation transcendantale, à la manière du Bouddha allant seul par les chemins de la renonciation, et qu'il chargeait l'un des frères de veiller sur ladite Vérité en attendant son retour. Il a fait du Moïse qui confia la tribu à la garde de son frère Aaron et de Josué, son dévoué général, et gravit seul le mont Sinaï pour y recevoir les Tables de la Loi. En baladant son index au-dessus des têtes, Samuel récita entre ses dents une formule magique antique, que je mets là en sa forme chamanique : « Am stram gram, Pic et pic et colégram, Bour et bour et ratatam, Am stram gram[1] ! », qui s'arrêta sur un certain Calhoun, un gaillard tout en poils d'ours mal léché avec de grands yeux bovins et des épaules de déménageur turc. Les fidèles l'ont entouré, baptisé le Veilleur et aussitôt acclamé : « Ô Calhoun, ô Veilleur infatigable, désigné par le doigt de Dieu, que ton nom soit applaudi, que ton intérim commence et soit pour nous une bonne affaire, et que le prophète Samuel nous revienne vite de sa retraite, hip hip hip hurrah ! » Ainsi Samuel put échapper à la pénible condition de prophète mis à la corde. Il ne se sentait pas la force de cumuler

1. Et, à toutes fins utiles, le voici en sa forme germano-scandinave : *Emstrang gram, Bigà bigà ic calle Gram, Bure bure ic raede tan, Emstrang gram* ; et en sa forme française moderne : *Un, deux, trois, Vole, vole, hanneton, Cours, cours, cavalier, Un, deux, trois !*

cette charge avec l'apostolat que l'Entité extra-terrestre nous avait imposé.

Sacrée Amérique, pays de tous les impossibles devenant possibles, quand la vieille Europe reste le pays de tous les possibles devenant impossibles.

Continuons par quelques faits divers essentiels qui montrent la dimension planétaire, stellaire et galactique de l'affaire.

Dans un pays du Sud dont je tairai le nom parce que j'y ai quelques amis sûrs et que je ne veux pas les mettre en danger de mort violente, des jeunes au nombre de treize ont été inter-pellés par la police armée qui les soupçonnait depuis un moment de pratiquer en secret un culte autre que le culte national. Dans ce pays, qui n'est sur aucun guide touristique, traquer le déviant est le cœur de la politique nationale et la vraie foi de sa religion. Plutôt que de les traîner chez le juge pour les confondre, ce qui néces-site quand même des démarches et un peu de paperasse, la police a cru expédient de les livrer directement à la foule en colère en les accusant d'idolâtrie et de blasphème, les grands crimes impardonnables contre la personne de Dieu, de son prophète, et du président de la République, leur héritier sur Terre. Pour la bonne mesure, on ajouta sodomie, satanisme et autres petits vices urbains en bande organisée. En moins de temps qu'il ne faut à une Kalachnikov pour vider son chargeur, la foule les a mis en charpie. Dans un article fou, un journaliste local amateur de corrida et de lynchage a déclaré que ces criminels n'avaient pas eu la mort qu'ils méritaient, il fallait les sodomiser à sec, les torturer longuement puis comme au bon vieux temps les attacher par le cou à un attelage de quatre chevaux, ou un 4×4, qui est moins dans la tradition, donc moins spectaculaire, et les traîner à travers la ville jusqu'à ce qu'il ne reste au bout de la corde que quelques lambeaux de chair et une touffe de cheveux poisseux. Dans le cagibi où se réunissait la petite communauté, la police a découvert, accroché au mur, l'objet de leur adoration, une pièce de bois vaguement sculptée au canif. Le journaliste l'a prise en photo mais de biais, ce qui rendait l'inscription illisible, on voyait un enchevêtrement de bosses et de creux. J'ai suggéré au réd'chef de *L'Étudiantéclairé.fr* de publier l'article pour montrer aux bons lecteurs l'urgence de rénover le monde et de traquer l'homme blanc, pas seulement dans ses terres traditionnelles, car cette engeance amie du diable a essaimé à tous les vents et pris tous les visages. On ne compte plus ses clones rouges, verts, noirs, jaunes, marron, sous toutes les latitudes.

C'est une brave étudiante, une surdouée, qui a vu le fond des choses. Sa myopie extrême l'obligeait à zoomer en X4 et X5 et à se servir d'une loupe de taupe pour lire les titres des journaux. Elle a posté un commentaire lumineux :

Ce que ce journaliste criminel et ignorant dénonce n'est pas de l'idolâtrie, le culte des

idoles que les hommes ont toujours représen-
tées sous une forme humaine. Ces pauvres
jeunes n'étaient pas des idolâtres, leur bout
de bois cabossé est simplement un fétiche, un
porte-bonheur, un signe de reconnaissance,
un objet amical. En examinant la photo à la
loupe, j'ai vu dans ce tracé maladroit la lettre I
ou J ou L suivie du nombre 780… ou 180. Voilà,
c'est tout bête, cela n'a rien de religieux et de
sacrilège, c'est un truc banal, J-780 ou I-180 font
penser à un compte à rebours dont le terme
est l'avènement d'une chose importante à leurs
yeux puisqu'ils ont pris la peine de la matériali-
ser en un petit totem.

Mon autre idée est que ces dictateurs, si
fourbes en leurs folies et si dangereux pour le
monde, devraient être expédiés dans la galaxie
des morts sans possibilité de retour.

Signé : Camille Mo, doctorante au CML

J'ai cru rêver en lisant et en relisant le post.
Pour moi, et mes compères Jason et Samuel à
qui j'ai envoyé le lien de l'article, ledit post rele-
vait du miracle. Il confirmait ce que nous avions
posé comme hypothèse de départ, à savoir que
l'Entité a arrosé la planète de son message radio-
télépathique, elle n'a choisi personne en particulier pour en faire son ambassade. Le sont tous
ceux qui ont reçu le message, l'ont entendu, y
ont accordé foi et veulent se mobiliser dans les
opérations de sauvetage. Il nous a appris que
dans ce dangereux pays, une résurgence des

temps sombres de jadis, sur lequel je me suis un peu renseigné, il y a eu au moins un Appelé et que celui-ci a courageusement réussi à rassembler autour de lui douze apôtres pour ensemble donner un sens et une perspective à sa vision. J'imagine qu'ils se posaient les mêmes questions que nous. La différence est que, connaissant leur pays et son enfermement mental, ils savaient qu'ils risquaient gros à professer l'idée d'une refondation de l'humanité qui ne doive rien au Dieu local, à son prophète ou son représentant autoproclamé. Si Jason, Samuel et moi vivions dans ce pays, nous serions déjà morts, lynchés par la foule, spontanément ou sur incitation policière, ou sous la torture dans les centres spécialisés du sinistre MJPR, le ministère de la Justice, de la Police armée et de la Religion, parmi d'autres soupçonnés de déviance religieuse, idéologique, alimentaire, sexuelle et autres, ou enfermés à vie dans un cul-de-basse-fosse du tout-puissant MDCE, le ministère de la Défense et du Commerce extérieur. Nous convînmes de faire une prière laïque à la mémoire de ces premiers martyrs de la nouvelle humanité en gestation. Ils resteront hélas inconnus, ils sont morts dans un pays qui invisibilise les vivants et fait disparaître les morts dans l'anonymat. Que c'est triste ces cimetières sans tombes, ni signes particuliers, les morts ne le voient pas, et c'est tant mieux pour eux, qu'ils habitent des charniers secrets.

J'ai rencontré la petite surdouée à la cafétéria. Elle était habillée d'une jolie peau de vahiné nourrie au soleil des îles du Pacifique. Elle respirait le génie pur et le bon sens. De la graine de Nobel haut la main. On l'embaucherait sans savoir quel poste de direction lui confier, juste pour l'avoir sous la main. Elle s'est dite persuadée que ce J-780 était la clé de quelque chose d'important, et comme elle ne manquait pas d'intuition ni de hardiesse dans la pensée, elle se demandait s'il n'y avait pas là-dessous une histoire d'Extraterrestres, genre *Contact*, le film dans lequel l'héroïne campée par la prodigieuse Jodie Foster reçoit et déchiffre un message radio de l'espace qui lui ouvre la porte des étoiles et celle de souvenirs plus anciens que la vie. C'était rassurant, notre université n'était pas que woke et baveuse, elle hébergeait des gens honnêtes, des Blancs innocents, des étrangers sympas, des musulmans tranquilles, des Arabes à qui on pouvait se fier même en pleine nuit et, cerise sur le gâteau, une vraie fée du Pacifique à qui il ne manquait qu'une petite paire d'ailes translucides pour nous enchanter avec ses voltiges. Notre Camille Mo ne voyait pas nettement le bout étoilé de sa baguette magique, ne savait même pas qu'elle en avait une, mais qu'importe, elle savait tant de choses réellement essentielles, il ne lui restait que de les accepter pour véridiques et venir avec nous compter à rebours les jours, puis les heures et les minutes jusqu'à leur ultime seconde.

Nous avons pris la décision de lui dire notre secret et de l'intégrer à notre groupe. Nous avions besoin de perles rares comme elle pour gagner la bataille de l'avenir. Nous l'avons intronisée Appelée associée ayant droit de parole sans réserve et nous avons couru fêter ce renfort dans un resto polynésien confidentiel qui nourrit ses clients de fruits et de fleurs des îles sur fond d'ukulélé, servis par des filles souples comme des lianes et des garçons massifs comme des colonnes d'Hercule.

Encore un fait divers, le plus troublant, le plus mystérieux, mais aussi le plus documenté, dans sa première partie du moins parce que, après, c'est la bouteille d'encre chinoise.

L'affaire a été révélée par la presse néerlandaise. N'ayant aucun moyen de la vérifier, je ne peux que reprendre le récit qu'elle en a fait. C'est l'histoire d'un gamin malais de cinq ans d'âge nommé Badan, qui habite la province du Sarawak dans l'île de Bornéo.

Son histoire commence comme elle a commencé pour nous, par une vision nocturne qui, contrairement à nous, l'a follement amusé. Ce qu'il a raconté à ses parents les jours suivants n'était que joie, rires et hadiths fous. Il gribouillait partout le même dessin J-780 et parlait d'un *tonton* fait de lumière et de couleurs vives qui invitait les gens du village à venir vivre chez lui. «Où ça, chez lui? — Là-bas!» disait-il en pointant un endroit précis du ciel, mais les gens, qui ne voyaient que le bout de son doigt, ne comprenaient pas de quoi il parlait en trépignant. En bons paysans superstitieux et craintifs, pleinement domestiqués par la tradition, ils comprenaient bien en revanche que leur enfant avait été «frappé» par les djinns des puits, facétieux avec les enfants comme ils le sont toujours, mais qui deviennent méchants au fur et à mesure que l'enfant grandit et apprend l'art de voler et de mentir qui le prépare à l'âge adulte.

Le médecin du quartier s'est dit choqué que des parents viennent consulter parce que leur chéri avait fait un rêve amusant. C'était prendre du temps sur les vrais malades et le village, pauvre parmi les pauvres, en comptait de trop. L'enfant n'avait pas de fièvre, pas de boutons, pas de diarrhées, qu'il aille jouer dans la rue avec les petits bandits du quartier, allez, ouste! L'imam a été plus attentionné, après avoir grommelé quelques sombres hadiths dans sa barbe sauvage il lui a fait boire un verset coranique dilué dans du lait de chèvre et a ordonné aux parents de sévir s'il continuait à gigoter et à débiter des obscénités : «Attachez-le fermement et appliquez-lui la falaqa islamique, lui flageller vivement la plante des pieds avec une gaule bien souple, mais attention sans se laisser aller jusqu'à le saigner, c'est un enfant quand même, jusqu'à sept ans révolus.»

Puis un matin l'enfant s'est mis à dire des mots qui n'étaient ni malaisiens, ni tamouls, ni javanais, ni bahasas, ni mandarins, ni arabes, ni anglais, ni d'aucune langue parlée dans le

Sarawak. L'affaire prit de l'ampleur, personne ne savait même seulement reconnaître cette langue. Si elle était inconnue en Malaisie qui comptait plus de cent trente-huit langues autochtones et d'immigration, où donc serait-elle parlée dans le monde ? Peut-être à côté, en Indonésie, qui en comptait cinq cent quatre-vingt-trois ? Mais non, l'Indonésie consultée ne l'avait pas davantage reconnue. On s'acharnait, une délégation fut envoyée en Inde qui en comptait deux cent trente-quatre, dont vingt-deux officielles. Même fiasco. Des foules se formaient devant la maison, on venait voir l'enfant ivre de joie et l'entendre baragouiner cette langue mystérieuse qui avait, croyait-on déjà, le pouvoir de guérir de la misère et de la mal-vie. Toucher seulement l'ombre de l'enfant procurait bonheur et repos jusqu'à la mort.

L'affaire arriva à Kuala Lumpur. On invita le prodige et ses parents. L'académie des sciences avait affûté ses instruments et promettait des résultats rapides. Miracle, on découvrit que cette langue n'était pas qu'un véhicule de la pensée comme les autres, elle avait le pouvoir d'agir sur la matière et de modifier le cours des choses et du temps. « L'Éternel dit que la lumière soit et la lumière fut » (Genèse 1 : 3). Ainsi parlait Badan. Il aurait pu multiplier les pains et les poissons, s'il avait voulu. Tout à coup, cette antique phrase dont nous avons depuis longtemps perdu la musicalité magique me parut être la phrase la plus mystérieuse du monde.

À quoi renvoient les verbes *soit* et *fut*? À l'éternel présent? À l'indépassable passé? Au futur immémorial? Aux trois temps? Est-ce bien cela que nous dit l'Entité… ou le contraire, que la lumière ne sera pas et n'a jamais été, seuls comptent la vérité et le courage de la voir? Les rumeurs qui sortaient de l'auguste académie des sciences parlaient de phénomènes inconnus du peuple, télékinésie, téléportation, télépathie, physique quantique, intrication, des mots ayant une structure de nombre, ce qui ne se pouvait, les mots ne sont pas des nombres et les nombres ne sont pas des mots, les mots appartiennent aux hommes et les nombres à Dieu. D'où cela venait-il? On a encore questionné le principe de la localité-séparabilité et celui de l'enchevêtrement ontologique. Emportée par sa fièvre asiatique, la presse a émis des hypothèses qui dépassaient notre entendement d'Occidentaux contenu dans les strictes limites du raisonnable. On comprit que si l'enfant maîtrisait cette langue, dont il ne savait pour l'heure que des bribes, il disposerait d'un pouvoir fabuleux, pour le meilleur et pour le pire. Peut-on l'enseigner, s'enseigne-t-elle même? Sinon, comment la transmettre, comment d'abord l'acquérir? Aurait-elle les mêmes pouvoirs parlée par d'autres que Badan? On en revenait aux hypothèses surnaturelles de la physique quantique, l'enfant serait intriqué avec une entité d'un autre espace-temps, un autre monde qui obéit à d'autres lois. Les petites gens ne le disaient pas comme ça, ils recouraient au vocabulaire de la magie et de la folie apeurée et se comprenaient bien, ils faisaient les mêmes vieilles prières pour conjurer les vieux malheurs de toujours, et pourquoi pas les nouveaux aussi. Les médias s'emballèrent, multiplièrent les hypothèses pendant que les scientifiques multipliaient les explications. On appela Badan *l'enfant quantique*, ce qui ne voulait rien dire à personne d'autre que les atomistes aguerris. Les pauvres parents qui ne savaient à quels saints se vouer ne comprenaient pas qu'on veuille observer ce que l'on devrait plutôt faire disparaître. On ne garde pas un malade dans son état de malade pour étudier sa maladie, on l'en guérit au plus vite.

Le récit malaisien s'arrêtait là. Commençait le chapitre néerlandais lorsqu'un journaliste batave qui couvrait quelque événement culturel à Kuala Lumpur eut vent de l'actualité riche en miracles d'un enfant de Bornéo, et s'y intéressa. Il en fit tant que l'enfant quantique et ses parents se retrouvèrent à Amsterdam où les attendait armes en main le gratin scientifique et médiatique européen. C'est dans une revue de mathématiques très estimable à laquelle mon département est abonné que j'ai découvert l'histoire de Badan ; des spécialistes de la cryptographie s'étaient jetés à fond sur cette langue qui défiait les toutes-puissantes sciences modernes. Ils étaient déjà rassurés sur un point, cette langue qui avait pouvoir sur la matière et le cours des événements était trop complexe pour être un produit de la supercherie. Ce n'était pas non plus une de ces langues, encore inviolées mais dont on a de bonnes raisons de penser qu'elles ont été fabriquées pour les besoins d'une cause, telle la langue du très étrange manuscrit de Voynich, découvert en 1912 près de Rome, qui daterait du haut Moyen Âge, langue dont jamais, à ce jour, on n'a trouvé d'autres utilisations hors ce manuscrit. L'idée conséquente approuvée par les amateurs de merveilleux est qu'il serait le carnet d'un voyage sabbatique d'un Extraterrestre féru de botanique et de minéralogie, venu sur Terre herboriser et ramasser des cailloux, qui l'a oublié ou perdu, en reprenant son voyage.

L'article concluait sur un soupir de découragement qui s'entendait de la Lune. Rien ni personne ne saurait percer cette langue qu'un enfant de cinq ans avait entendue dans un rêve, apprise dans un échange avec un *tonton* d'outre-monde, qu'il continuait d'apprendre par on ne sait quel canal. Ex nihilo, cela ne se pouvait, sauf si l'enfant et son *tonton* sont dans une intrication quantique. Et d'ailleurs le mot *apprendre* convient-il? Et que veut dire ex nihilo? Le néant n'est le néant que parce que nous n'avons pas les bonnes lunettes pour voir les choses invisibles qui grouillent dans ses replis. C'est l'histoire des variables cachées du grand Einstein, censées expliquer ce qui heurtait sa logique. La masse de l'Univers est pour 95% composée d'une matière dite noire, invisible à l'homme et à tous ses instruments de détection et de mesure. Que nous dirait-elle si elle était visible, si on pouvait la questionner dans nos laboratoires ? Mais qui comprendrait ses réponses ?

Les plus grands spécialistes de la cryptographie et de la neuroscience ont été mis à la peine et tous ont échoué et situaient les premiers résultats de leurs investigations à l'horizon de la décennie s'ils disposaient d'un ordinateur ultra puissant et de budgets décisifs. D'ici là, l'enfant aura grandi, la connaîtra mieux et pourrait aider à la résolution du problème, si on lui offrait une formation poussée en linguistique, en mathématiques et en informatique. Il faudrait aussi que l'enfant et son *tonton* de l'hyperespace acceptent de partager leur savoir avec les primitifs que nous sommes.

Toutes affaires cessantes, Jason, Samuel, Helen notre informaticienne hors pair et moi-même tînmes une visioconférence pour intégrer cette donnée dans nos réflexions : l'Entité n'a pas fait qu'envoyer un message tous azimuts et installer dans les mémoires profondes des sujets réceptifs des fichiers et des logiciels qui entreraient en action le moment venu, elle conversait avec ceux qui avaient les capacités cognitives requises, tel l'enfant du Sarawak, et leur apprenait de grands mystères. Ça ouvrait la porte à mille suppositions, il y aurait donc des personnes dans le monde qui seraient, à cette heure, en *chat* direct avec l'Entité, comme nous le sommes à travers nos réseaux sociaux, partageant à longueur de clics des textes, des photos, de la musique, bref nos délires et nos trouvailles du jour. Si cela était, on entrerait dans une autre réalité et des questionnements philosophiques nouveaux. Il nous faudrait prendre de la hauteur et nous regarder de l'espace, nous verrions que nous ne sommes des Terriens que parce que nous habitons une planète qui s'appelle Terre, mais elle aurait pu s'appeler Pomme, et nous serions des Pommiers, avant tout nous sommes des Extraterrestres, nous aussi, comme les autres, des gens de l'espace, depuis l'origine du monde, et c'est nous, Extraterrestres habitant la Terre, qui sommes entrés en contact avec nos frères d'autres exoplanètes en les bombardant sans cesse avec les hyperfréquences de nos télés et de nos satellites. Ce qui nous arrive serait simplement une tentative de nos frères de l'espace pour répondre à nos signaux. On devrait cesser de fantasmer sur les Extraterrestres et les galaxies lointaines. Dans l'Univers il n'y a que des Extraterrestres, et n'est pauvre terrien que celui qui ne sait pas d'où il vient. Passons.

Nous avons tout fait pour en savoir plus sur Badan, nous étions prêts à nous rendre à Amsterdam, à Kuala Lumpur et dans son village du Sarawak, mais très vite nous découvrîmes qu'un black-out avait été ordonné en haut lieu. Les États-Unis et l'Otan?... Plus haut! La Chine? Plus haut!!... Le Qatar? Plus d'articles, plus d'émissions, les journalistes regardaient ailleurs ou étaient en grève, on ne connaissait plus

Badan et sa famille, ils avaient disparu des radars, comme enlevés par des Extraterrestres… ou des extrajudiciaires… ou des Ombres nocturnes.

Quelques semaines plus tard, des rumeurs précises ont donné à entendre qu'ils seraient aux États-Unis, enfermés dans une base secrète de l'US Army. Les UFOistes américains qui ne cessent jamais d'enquêter sur les dissimulations de leur gouvernement prétendaient avoir en main toutes les pièces pour affirmer que le petit Badan était dans la Zone 51 au Nevada où l'armée détient quelques Extraterrestres, dont le tout premier qu'elle aurait capturé en 1947 à Roswell dans le Nouveau-Mexique, suite au crash de son OVNI dans le désert, dont les UFOistes ne se sont jamais lassés, malgré tant de démentis officiels. Badan serait parmi eux, jouant, devisant, étudiant. Le but? Infiltrer les Extraterrestres, quoi d'autre, connaître leurs plans, leur origine, leur langue.

Ces recherches nous ont pris beaucoup de temps, mais nous ne l'avons pas vu passer. C'est stressés à mort que nous constatâmes que ce matin nous étions à J-366, le début de l'An 1 de la fin. Il était plus que temps de sortir des digressions.

J-365

La nuit de veille
La fin de l'histoire,
le début du voyage sans retour

Nous y sommes, le véritable compte à rebours commence aujourd'hui à minuit. Notre vieille planète, si jeune à l'échelle de l'Univers, entre dans sa dernière année de vie. Dans trois cent soixante-cinq jours, elle disparaîtra dans un brasier cosmique et ses habitants avec, aux Appelés et aux Élus près qui auront été évacués vers leur nouveau monde, à mille années-lumière du foyer perdu.

Nous comptions les mois et les jours dans l'angoisse et l'espoir et nous pensions sans cesse aux heures fatales qui arriveraient bien trop vite, mais je crois qu'au point gamma de la tension, quelque chose disjoncte dans le cerveau humain, la conscience s'éteint, l'individu entre dans la zone de sidération où rien n'existe, en lui et autour de lui tout est silence tendu, immobilité, ténèbres, hormis ce minuscule point lumineux devant les yeux, tel le mythique troisième œil qui ouvrirait sur d'immenses mystères.

Au douzième coup de minuit, comme attendu, nous sommes tombés dans cet état d'agitation brownien qui va crescendo vers la rupture. Je ne sais pourquoi, dans un flash j'ai vu Christophe Colomb sur la dunette de sa caravelle, la *Santa María*, scrutant fébrilement l'horizon. Après des années de rêves fiévreux, de batailles sourdes, d'attentes désespérantes, et trente-six jours de navigation dans le noir, éclairé par un espoir en voie d'extinction, il s'est trouvé comme nous à présent au seuil de l'hébétude et de la défaite. Au milieu de nulle part, c'est dur, très dur. Il ne le sait pas mais la lumière arrive, il n'est plus très loin d'entendre la vigie, perchée sur la hune entre eaux et cieux, crier à se déchirer la gorge : « Terre, terrrrre ! » et de voir émerger dans la brume de l'horizon le Nouveau Monde, tant rêvé, tant cherché. Et nous qui sommes à la fin de l'odyssée humaine sur Terre, entendrons-nous un jour une vigie crier : « Terre-Neuve, Terre-Neuuuuve ! » et, hallucinés par l'immensité des choses, la regarderons-nous s'élever au-dessus de l'horizon des événements de l'Univers ?

*

Le problème ultra prioritaire que j'aurai à traiter en ce début d'année est de gagner Nelly à notre cause. Ce n'est pas faute d'avoir essayé depuis la Vision. J'ai plaidé tout ce que j'ai pu, en vain. Son affaire c'est la guerre contre ceux qui inlassablement œuvrent à la destruction de l'école, ultime bastion en France de l'humanisme des Lumières, le ministère de l'Éducation en premier qui l'étrangle, la sape, la désoriente, la rabaisse, réduit ses effectifs, les humilie avec des salaires de sherpas, laisse les bâtiments se dégrader, n'assure plus le transport scolaire, multiplie les peines, bouche les horizons, et pour parachever l'œuvre au noir, y mêle la religion, la politique et les arts de la guerre urbaine, bref, s'acharne à détruire ce que l'école et ses héros ont mis des siècles à bâtir pour échapper au déluge de l'ignorance. Et cela au grand jour. Il y a aussi, discrets et patients, mais si actifs dans les méandres souterrains, les courants rétrogrades, ressuscités par de sombres magies, qui parcourent à nouveau le monde en cohortes menaçantes, investissent l'institution vitale entre toutes, l'école, enrôlent traîtres et mercenaires, et peu à peu inversent sa marche, à la manière des balourds qui perturbent le mouvement du noyau de la Terre et finissent par inverser ses pôles magnétiques. «Les ténèbres étaient en bas et les lumières en haut» sera bientôt un vieux schéma, les lumières seront en bas et les ténèbres en haut. Nous ne le verrons pas puisque déjà le monde marche sur la tête. Jadis première éducatrice dans le monde, la France est aujourd'hui la dernière. Que dire aux parents, sinon ceci : «Vite, sauvez vos enfants et fuyez sans vous retourner !» Et que dire aux enfants, sinon cela : «Vite, sauvez vos parents et fuyez ensemble vers les terres de liberté !» En la matière, Nelly ne connaît pas la mesure, elle tape dur et sait galvaniser les troupes. Je la comprends, tout cela est bien vrai, le peuple s'en lamente atrocement, l'étranger se rit de nous, les meilleurs nous fuient, les autres nous évitent par peur de la contagion, mais comment lui expliquer qu'il ne s'agit plus de cela, sauver l'école, sauver l'honneur national, sauver la planète qui n'en a plus que pour l'année en cours, mais de sauver l'humanité, sauver l'espèce, la vie, peut-être l'ordre cosmique. Notre dernière dispute a été l'exacte réplique de la première et des suivantes. Nelly et moi, c'est une erreur de câblage commise chez le maire, un certain jour de célébration païenne, aveuglés par l'euphorie des parents et les flashs des Kodak, nous avons dit oui mais sans voir qu'on avait branché le plus sur le moins et le moins sur le plus, et depuis ça saute tout le temps, chaque fois qu'on allume. Ça tient parce que la maison est en pierres et que nous sommes ignifuges, sauf que ça n'empêche pas les dégâts des eaux et les tempêtes tropicales.

— Et tes Extraterrestres qui arrivent comme la cavalerie montée, ils feraient comment pour nous donner une école digne de ce nom? Ils te l'ont dit? Tu les crois? Le film est fini mais toi, pauvre héros des Comics, tu es resté sur le gentil E.T. de ton Spielberg, qui serait un agent d'une puissance galactique que ça ne m'étonnerait pas!

— Pour le temps qui nous reste avant le Big Bang, range ta guerre et rejoins-nous dans notre sauvetage, sinon ne viens pas pleurer sur mon gilet quand la porte du vaisseau refusera de s'ouvrir pour toi.

— Non, je rêve, je suis chez les fous, le président saccage la France, le ministre de l'Éducation assassine l'école, l'autre ruine les Français avec ses impôts et toi tu me chantes les Extraterrestres qui s'invitent pour nous sortir de la mouise.

— Femme de peu de foi, quand te réveilleras-tu? Helen n'est pas une Appelée, pas même catholique, mais elle laisse place au doute et travaille avec nous.

— C'est une Américaine, tu l'as remarqué? Les Américains adorent ça, les OVNI, les fusées, les galaxies, les super-héros, le Ketchup. On est en France, mon bon, on tue encore le cochon à la ferme et on égorge le mouton dans la baignoire, OK? Assez parlé, je sors, j'ai un meeting sur la cantine scolaire et les menus halal... je ne sais pas si tu le sais mais nos enfants on les empoisonne sous nos yeux et avec nos impôts, ce qui fait de nous des complices d'un infanticide national.

Je n'ai pas osé lui répliquer que nous n'avions pas d'enfants et que ses élèves avaient leurs parents pour les pleurer.

— Et moi je vais à ma réunion, avec Jason, Helen, Camille Mo, et Samuel en visio, et trois retraités bénévoles que nous avons intéressés à notre affaire, un général du génie, un ingénieur logisticien et un colonel de la gendarmerie spécialiste du contrôle des manifs qui ont écrit des choses intéressantes sur les grandes catastrophes et leur impact à court et long terme sur la psychologie humaine et sur l'organisation des logistiques mondiales stratégiques. Tu vois, six mille ans après, on souffre encore des diableries d'Ève et de ce benêt d'Adam, du Déluge de Noé, des retombées radioactives de Sodome et Gomorrhe. On va essayer de résoudre une équation à deux inconnues, et pas des plus simples : comment sélectionner et embarquer dans la panique trois à quatre milliards d'hommes, de femmes et d'enfants affolés chargés de leurs couffins et comment repousser les quatre milliards restants, qui viendront armés jusqu'aux dents prendre d'assaut l'Arche.

— Amusez-vous bien... n'oublie pas au retour de faire les courses, le frigo est vide. Et pas de halal, s'il te plaît, je ne veux pas mourir en état de péché !

Notre réunion fut riche mais improductive. Nous étions ignorants de trop de choses pour aller plus loin que le recensement des problèmes.

— Premier énorme handicap : nous ne savons toujours rien du vaisseau, hormis nos premières supputations. Quand arrivera-t-il, quelle est sa contenance, comment en prendrons-nous possession, comment se formera l'équipage ? Deuxième immense lacune : quid des autres Appelés, combien sont-ils, où et quand les rencontrerons-nous pour commencer à distribuer les tâches ? Autre colossale affaire : comment

121

sélectionnerons-nous les Élus, où et comment se fera l'embarquement? Et le plus inquiétant: comment traiter avec les autorités? Qu'en pensez-vous, mon général?

— Si vous avez réellement le contrôle du vaisseau et s'il possède les moyens de la puissance en rapport avec l'objet, comme cela devrait être le cas pour un bâtiment galactique en opération de secours, opérez à partir de la Lune ou de Mars, organisez des navettes pour y transborder les Élus. J'imagine que le vaisseau compte nombre de chaloupes comme il se doit. Quant aux gouvernements, croyez-moi, ils vous dessaisiront vite fait de la maîtrise d'œuvre et pourraient même vous arrêter pour trouble à l'ordre public, entrave à l'action de la puissance publique, intelligence avec une entité extraterrestre, et feront tout pour se rendre maîtres du vaisseau. Il faudra agir à partir de l'espace ou faire usage de l'armement du vaisseau pour repousser les forces gouvernementales. Il faudra aussi sans doute tirer sur les foules qui voudront embarquer de force… ça demande une préparation mentale… et morale. Pour tuer des gens en quantité, il est nécessaire de s'appuyer sur de solides raisons d'État et de sécurité nationale, mais n'étant pas l'État, il vous faudra en appeler à la raison cosmique, mais quelle est-elle?

— Nous n'en arriverons pas là, j'espère. Je vois mal comment ils pourraient s'emparer d'un vaisseau qui a la taille d'une planète, qui a ses moyens de défense et qui sera en orbite au-delà de la Lune. Ils y regarderont à deux fois, ils chercheront à négocier et à ruser. Je vois, monsieur l'ingénieur en logistique, que vous avez fait tous les calculs possibles et imaginables. Que nous disent-ils?

— Ils disent que l'affaire sera un cauchemar absolu même si elle est prise en main par l'ensemble des États coordonnés par un G3, USA-Chine-Russie, disposant des pleins pouvoirs. Le déplacement des Élus vers les centres de rassemblement à partir desquels ils seront transbordés dans le vaisseau va solliciter la totalité des moyens de transport existants, avions, bateaux, trains, bus, camions, voitures, motos, charrettes, vélos, chevaux et chameaux. Déplacer huit milliards de personnes sur toute l'étendue de la planète en quelques semaines est ab-so-lu-ment irréalisable, même avec les moyens du vaisseau si effectivement ils sont proportionnés à l'ampleur de la mission, ce que l'Entité a certainement envisagé. La coopération pleine et entière des États n'y changera rien, c'est tout simplement irréalisable, car, nous le savons, ces mouvements de populations se feront dans le sauve-qui-peut général. À cette échelle, je ne connais aucune technique, aucun moyen qui saurait les contrôler, pas même l'arme nucléaire.

— Camille Mo, vous êtes notre lumière, dites-nous ce que vous voyez.

— Je refuse de croire que l'Entité a fait tout ça pour ça: construire un vaisseau pour des milliards de passagers, lui faire traverser la moitié de l'Univers pour nous le livrer à domicile, recruter et former par télépathie une poignée d'Appelés internationaux et finalement les laisser se dépatouiller dans un climat d'apocalypse face à des foules paniquées et des gouvernements en faillite qui n'hésiteront pas une seconde à recourir aux armes de destruction massive, eh bien tout ça n'est pas la marque d'une grande intelligence, il y a contradiction.

— Vous en concluez quoi, chère Camille Mo, je sens que vous avez une hypothèse intéressante.

— Oui, faire confiance à l'Entité. Quand elle se manifestera, tout s'éclaircira, tout sera simple. Son plan de sauvetage se déroulera à la perfection.

— Chère Camille Mo, dit par vous, c'est l'évidence, on s'en veut de n'y avoir pas songé. C'est vrai, pourquoi tenons-nous à voir des problèmes et des impossibilités derrière chaque porte. Oui, c'est vrai, notre amie l'Entité ne peut pas nous abandonner au milieu du gué. Si elle peut arriver à nous et nous emmener à l'autre bout de l'Univers, elle sait forcément nous rassembler sur Terre et nous transborder du plancher des vaches au vaisseau, elle maîtrise la téléportation et la télékinésie, et elle doit disposer d'un rayon paralysant à large spectre pour calmer les forces gouvernementales.

Il était temps de conclure, ce que je fis avec le plus de conviction possible :

— Merci mon général, merci monsieur l'ingénieur, merci Jason, merci à Samuel en visio et merci chère Camille Mo. Voilà, à présent on peut dire que nous connaissons bien nos problèmes à venir et que, grâce à nos experts et à la conjecture de Mo, nous savons que l'Entité les résoudra d'un coup de baguette magique. Il en reste un cependant qui nous incombe et qui est très au-dessus de nos moyens, c'est celui de la sélection. Déjà à lui seul, le mot terrifie. Si vous en êtes d'accord, supprimons-le de notre vocabulaire, nous parlerons de classement, d'examen, de tri, de n'importe quoi qui nous évitera de penser aux milliards de pauvres gens que nous allons abandonner à la mort. Nous y consacrerons une prochaine réunion. Il faut bien se préparer... mentalement et moralement.

En rentrant, je suis passé au Monoprix avant fermeture pour remplir le frigo avec des choses honnêtes, comestibles si possible. Avec leurs emballages hyper colorés et leurs étiquettes bourrées de faux témoignages, on ne sait plus reconnaître les produits qui tuent sur le coup et ceux qui tuent à petit feu, qui nous laissent le temps de nous soigner et de nous préparer à mourir d'autre chose, en bons chrétiens puisque cette possibilité nous est reconnue, comme est reconnu aux autres communautés le droit de mourir selon leurs coutumes en bons et honnêtes fidèles. J'avais hâte de savoir quelles conclusions Nelly et ses collègues avaient tirées de leur réunion sur les cantines scolaires et les menus halal. L'idée que les enfants doivent être bien nourris dans une école qui leur dispense un enseignement pauvre, carencé et débilitant demande à être questionnée. Au bout du bout, on récolte quoi, des jeunes gens physiquement aptes à lever des poids, intellectuellement inaptes, moralement incertains, socialement instables, sinon dangereux, au total irréparables et tout à fait remplaçables par des robots de série B. On n'est pas sortis de l'auberge. Nelly et sa bande d'agités n'ont vu que la moitié du problème, il y a nourriture et nourriture.

Ouille, aïe, les États entrent en action !

Branle-bas de combat, l'armée débarque : deux agents du FBI ont interrogé Samuel qu'ils sont allés pêcher entre Onondaga Cave et la rivière Eleven Point, car injoignable chez lui à Warrensburg. L'opération était parfaitement coordonnée avec l'ambassade US à Paris, avenue Gabriel, qui au même instant lançait une convocation à Jason pour affaire le concernant. Il sera reçu par une jeune fonctionnaire du bureau de la CIA, qui clairement tenait à se montrer amicale et compétente.

Voici les comptes rendus de leurs entretiens que j'ai cru bon de mêler et de présenter comme s'ils avaient été tenus en même temps, au même endroit. On évite les répétitions. Gain de temps, gain d'argent.

— Bonjour Samuel, bonjour Jason, je suis l'agent Bo Ericson et voici mon collègue Bill Terence, nous sommes du bureau du FBI de Saint-Louis, et voici Mary Patterson du bureau de la CIA de notre ambassade à Paris. Nous sommes heureux de pouvoir nous entretenir avec vous. Ces derniers mois, nous avons suivi avec intérêt vos recherches sur les UFO et les Extraterrestres. Nos archives sur le sujet sont pour la plupart déclassifiées, vous pourrez si vous le désirez les consulter sur simple demande grâce au formulaire UFO22 / A13 accessible sur le site du FBI. Votre démarche est très originale, vous ne cherchez pas les UFO et les Extraterrestres, ce sont eux qui vous cherchent et vous ont trouvés. Des données en notre possession, nous avons compris qu'un vaisseau spatial vous a été envoyé et serait sur le point d'arriver pour vous aider à organiser le sauvetage de l'humanité. C'est passionnant. Mais ce n'est pas une première. Vous connaissez sans doute les raëliens, nous avons une fiche assez complète sur eux, ils auraient pareillement été instruits par des Extraterrestres, les Élohim, pour porter un autre message d'amour, de paix et de tolérance à l'humanité et une promesse de sauvetage. Vous pourrez la consulter sur notre site. Avons-nous bien compris le sens de votre démarche ? Je répète que nous sommes prêts à vous aider, la sécurité de nos compatriotes est notre vocation et au-delà celle de l'humanité, en coopération avec la CIA et naturellement les autorités compétentes des pays étrangers.

— Pourquoi ces convocations, avons-nous commis un délit, sommes-nous accusés de quelque chose ?

— Que non pas Jason, que non pas Samuel, au contraire, nous cherchons à savoir si nous pouvons vous aider puisque votre démarche est d'inspiration humanitaire. Nous sommes des alliés.

— Merci pour cette clarification, madame et messieurs. Puisque vous êtes bien disposés à notre égard, pouvez-vous nous dire si le reste du temps nous sommes espionnés, écoutés, suivis, si nous courons le risque d'être cambriolés, et si nous devons craindre d'être enlevés, ainsi que nos épouses, nos complices dans la vie, et les amis avec lesquels nous travaillons secrètement sur le sujet ?

— Pas du tout, Jason. Nous n'avons pas le droit de faire cela sans ordre de la justice et à ma connaissance la justice n'a rien contre vous, vous êtes d'honorables citoyens américains. Nous ne travaillons que sur des faits libres, connus de tous, nous avons écouté l'interview de Samuel à la radio des Appelés du Septième Jour, et comme cette radio nous donne parfois du souci avec ses positions sur certains sujets, nous avons voulu, c'est la routine, en savoir un peu sur vous et sur le sujet, et cela seulement dans les limites que nous fixe la loi. Cette interview a suscité des vocations. Nous avons reçu des appels de personnes qui comme vous auraient été contactées par des Extraterrestres et qui en bons citoyens américains ont aussitôt fait un signalement au bureau du shérif. D'autres ont fondé des groupes de réflexion et de recueillement pour se préparer à leur transfiguration. Nous les avons écoutés aussi, ils nous ont raconté leur contact extraterrestre. À quelques détails près, leur récit est celui que vous avez fait à la radio. L'un d'eux a dit que l'Extraterrestre lui était apparu sous la forme d'un buisson ardent dans son jardin, dans votre vision c'est une bulle de lumière intense qui vous a enveloppés de sa chaleur et de son intelligence et emportés dans l'espace sidéral. Je vous fais cette confidence, notre service croit à votre histoire et se tient prêt à vous aider si vous le souhaitez et si vous nous tenez au courant.

— Nous n'y manquerons pas. Je vous apprends, si vous ne le saviez, que nous nous intéressons aux corps célestes bizarres comme Oumuamua qui a défrayé la chronique ces dernières années et cette source qui émet un signal en forme de SOS comme une balise de naufrage, ou qui peut-être appelle au contact.

— Nous regarderons cela… Bien, nous ne voulons pas vous ennuyer davantage… Une dernière question, Jason et Samuel, si vous le permettez : avez-vous, vous ou votre ami Paolo, été approchés par les Renseignements français ou leur antenne à l'ambassade de France à Washington ? Je vous demande cela parce que la CIA pense qu'ils vous surveillent et pourraient, c'est dans leurs mœurs socialo-communistes néocolonialistes, vous mettre sur écoute, intercepter vos mails, infiltrer votre groupe, vous manipuler contre votre pays, les États-Unis d'Amérique. Ils constituent sûrement à cette heure des dossiers sur vous pour vous compromettre et vous contraindre.

Tenez-nous au courant, nous vous offrirons une assistance juridique en cas de besoin.

— Pas à notre connaissance, madame, il n'y a rien eu de tel. Les Français sont des laïques idiots, des jouisseurs impénitents, ils ne croient qu'aux choses de la Terre, ils sont aveugles aux miracles du ciel et se contrefichent de ce qui se passe au-dessus de la couche d'ozone. Paolo n'est même pas français à 100 %, sa mère est corse et, vous le savez, chez eux la corsité passe par la mère ou la voisine, comme chez les Juifs.

De ces interrogatoires, genre « nous sommes vos amis » mais on peut jouer à « vous êtes nos pires ennemis », nous avons tiré trois choses : un gros malaise, du coup on se sent nu, épié dans son sommeil, on voit des yeux partout, on perd confiance en soi. Mais bon, nous sommes encore vivants et libres, alors on se félicite et on passe à autre chose.

— Faut-il les croire quand ils disent qu'ils ont rencontré des gens qui ont eu la même vision que nous ? Sommes-nous si nombreux à être connectés à l'Entité ? Je n'avais pas cette impression. Depuis notre vision, il y a une année et demie, on se compte encore sur les doigts d'une main, toi, moi, Samuel, le lynché du Sud, le disparu de Bornéo, et là en un quart d'heure le FBI et la CIA nous en ont inventé un certain nombre, tous américains, ce qu'il faut pour nous inciter à faire comme eux, suivre les panneaux de signalisation et entrer dans la collaboration militante.

— C'est le coup pour nous endormir, cher Jason.

— Peut-être pas, Paolo. Rappelle-toi que Badan baragouinait l'extraterrestre, il doit maintenant papoter librement avec l'Entité, il a dû leur en apprendre beaucoup, les dates, le fichier des Appelés, le jour J, le plan d'évacuation, la destination. Un enfant, on n'a pas besoin de beaucoup le torturer, voire pas du tout, pour qu'il avoue n'importe quoi, la dernière console vidéo ou le dernier Apple suffisent. En Amérique c'est le tarif syndical qu'exigent nos kids juste pour sortir la poubelle une semaine entière, mais je pense que Badan se contentera d'une tablette de chocolat du Monoprix. Mon idée est qu'ils savent l'essentiel et se préparent au jour J, nous sommes pour eux le lien avec l'Entité, l'hameçon car bien évidemment leur plan est de capturer l'Entité et de s'emparer du vaisseau et de ses technologies et damer le pion aux Russes et aux Chinois. Je pense que ceux-là en sont encore à se demander de quelle propagande occidentale il s'agit mais ils savent accélérer en fin de partie et gagner la dernière manche, après la Seconde Guerre mondiale, alors qu'ils ne voyaient pas plus loin que le champ de bataille, ils se sont rattrapés les derniers jours et ont fait main basse sur les archives scientifiques allemandes et brûlé le reste…

— Les Américains s'étaient déjà servis, ils avaient pris les savants vivants et leurs équipes.

— Oui, mais ce sont les Russes qui ont lancé

la première fusée et mis en orbite le premier satellite.

— Les Français qui étaient à côté n'ont rien vu, ils faisaient la fête et traquaient les collabos.

— C'est *Rencontres du troisième type,* on est en plcin délire à la Spielberg.

— Je dirais *Sacré Graal* des Monty Python, on est plus haut dans le fantastique, non ?

— Comment cela va-t-il se terminer, sur un happy end glamour avec l'Entité sur son vaisseau Star Trek ou dans l'asile des fous avec les chevaliers de la Table ronde à la sauce anglaise ?

Se préparer au pire, le jugement de Salomon

Si je m'écoutais, et si j'en avais le pouvoir souverain, j'ordonnerais la mise à mort d'un bon quart de la population mondiale, et ainsi on n'entendrait plus parler des soucis et autres inconvénients de voisinage, ils auraient disparu avec les tourments que les méchants, les mesquins et les casse-pieds nous infligent à longueur de vie par le fait de leur présence indue dans notre espace vital. Nous remplirions plus vite notre sainte Arche avec nos Élus, nos familles, nos amis et lèverions l'ancre avant que la foudre cosmique ne s'abatte sur la Terre. Je mettrais dans la charrette les dictateurs, les assassins, les violeurs, les tortionnaires, les marchands d'armes, les cambrioleurs et les squatteurs des maisons de pauvres, les riches qui ne paient pas leurs impôts et leurs complices de l'administration, les oligarques et leurs Peggy à fourrure, les princes héritiers à scandales, les pyromanes, les pollueurs de rivières et des nappes phréatiques, les touristes indélicats, les kidnappeurs d'enfants, les pédophiles, les terroristes, les islamistes, les djihadistes, les wokistes, les gauchistes détourneurs de peuples et violeurs de conscience. Pour la bonne mesure et préventivement, j'ajouterais ces gens qui ont toujours l'air de préparer de mauvais coups, qui créent de la méfiance et de la fatigue autour d'eux, et des envies de meurtre qui finissent par se concrétiser. Et à leur suite les poules mouillées qui assistent à des crimes et ne les dénoncent pas. Je n'oublierais sûrement pas d'ajouter les artistes qui font des yeux de velours au monarque de la semaine alors qu'ils se doivent au peuple qui les enrichit en consommant leurs navets par patriotisme débile, ni les philosophes en casques et galons dorés qui murmurent à l'oreille des roitelets en mal de grandeur. Aujourd'hui, j'ai la haine vorace.

Bon, il faut se réveiller. À moins d'être soi-même un serial killer, on ne tue pas les gens parce qu'ils appartiennent aux catégories responsables de nos malheurs, on les livre à la justice en la priant de faire son travail et de ne pas trembler de la main. Condamner et appliquer la sentence est le moins qu'on attende d'elle. On aidera en fournissant la corde pour les pendre, en encourageant le bourreau de nos vivats.

C'est toujours la même chose mais ce n'est jamais le même jour. Et les jours ont passé si vite, de -780 à -310 un clignement de l'œil a suffi. Quand l'heure dernière nous atteindra, que les sirènes se mettront à hurler aux quatre coins de la planète, nous serons tellement pris dans l'affolement qu'on ne distinguera pas une chose d'une autre. Que faire, mon Dieu, que faire, mes amis ? Se préparer par la pensée, quoi d'autre, nous n'avons de pouvoir sur rien, nous ne pouvons que questionner les quelques pauvres données que nous avons en main, envisager des scénarios et pousser les hypothèses aussi loin qu'il est possible. C'est une mission cosmique qui nous échoit, désigner les Élus, les embarquer dans la hâte et les débarquer en bon ordre sur Terre-Neuve, après mille années de confinement dans un vaisseau en forme de boîte de conserve, le dilettantisme, l'improvisation et le défaitisme ne sont pas permis.

Que c'est humiliant de n'être que des hommes, courts sur pattes et bas du front, bedonnants et avachis, à qui la vie sédentaire et la mécanisation de la pensée ont enlevé ce qui était leurs forces suprêmes, l'instinct et l'agilité, pour les embarrasser avec ces choses pesantes et incertaines, l'intelligence et la raison, qui ne sont que bredouillis et vagues considérations sur ce que nous ne savons pas, ne comprenons pas, ce qui nous dépasse, les mystères du futur, ceux du passé, ce gouffre qui avale tout, ce qui fut depuis la nuit des temps et ce qui viendra du plus lointain futur, et ceux de leur incompréhensible jonction dans le siphon du présent. C'est à hurler de rage de se voir si petits, si nuls.

*

Faisons preuve de modestie et d'esprit de synthèse, consultons ceux qui savent, de quelque bord soient-ils.

Je me suis fait un plan et je suis allé au contact.

J'ai abordé l'ami et collègue Gaston Pate, grand maître du département de philosophie et métropolite incontesté de notre université bien-aimée, lui-même philosophe bien-pensant, wokiste éminent, mondain raffiné, écolo éblouissant, mondialiste intraitable, atlantiste inconditionnel, européiste dubitatif cependant car, si la fusée Europe brille au soleil et fait des jaloux, elle ne décolle toujours pas de son pas de tir, africaniste convaincu que le continent noir mille fois pillé par les conquérants arabes et européens, mille fois achevé par les siens, est l'avenir du monde, étant la source première de la vie, les autres continents n'ayant jamais été que les caravansérails de ses nomades, des terres de parcours, des servitudes de passage, des culs-de-sac, des cimetières pour éléphants. Il adore se moquer de son sacerdoce, mais c'est une posture d'intellectuel précieux qui se la joue blasé, en vrai il adore philosopher sur tout et rien. Si j'ai bien saisi sa pensée supérieure, philosopher consiste uniquement à jongler avec les mots et les idées et faire mouche. La philosophie n'aurait que cette fonction, construire des digressions en queue de poisson autour de points fixes. Je l'aurai peut-être mal compris car l'animal a ses feintes, il dribble comme pas un. On est loin de Montaigne pour qui «philosopher c'est apprendre à mourir». L'autre absurdité des philosophes, selon le grand Gaston Pate, est qu'ils se posent les questions que les humains ne se posent pas, les religions qui sont passées avant leur ont fourni un topo général valable en tout lieu et tout temps et leur interdisent de se disperser dans le néant. Mais retors et inventifs, ils ont trouvé la parade, ils philosophent entre eux, entourés de leurs disciples, en cercle fermé, de maître à maître, de chaire à chaire, de livre à livre, en prenant à témoin les médias et les sondeurs. Gaston Pate le raconte ainsi à ses élèves et tous en rient de bon cœur. On se marre comme des bêtes en fac de philoblabla. C'est quand même risqué de se survaloriser en se dévalorisant tant, on peut être pris au mot. Et plus osé de répéter joliment ce qu'on entend chez les autres et d'accuser les beaux parleurs de plagiat. Gaston Pate est le pur produit de la nouvelle société des lumières et des flashs, et l'archimandrite adoré de la caste des nouveaux guides. Sa façon de bouger dans tous les sens est émouvante, j'adore, on est tous un peu comme ça au fond, volages et débiles sans pour autant en faire comme eux une profession.

Il m'a dit qu'il suffisait d'ouvrir les yeux pour constater que le scénario de la fin du monde et du sauvetage de l'humanité par une entité extraterrestre se jouait sous nos yeux, avec nos encouragements, que le compte à rebours a démarré en 1988[1] et va infailliblement à son terme, fixé à 2050, date à laquelle la divergence climatique dépassera les +3° degrés fatidiques. Le pronostic vital de la planète est engagé et rien, sauf miracle sérieux, n'y fera. On compte encore en années mais bientôt on comptera en mois avant le point d'ébullition, et on passera aux jours avant le point de fusion, puis en heures avant le point d'extinction. Dans le rôle de l'Extraterrestre, installé quelque part dans la stratosphère onusienne, nous avons le GIEC, il incrémente le compte à rebours et propose pour chaque étape de la mise à mort des solutions de tir appropriées mais impossibles à appliquer, l'homme étant ce qu'il est, un scandale moral et écologique sans remède, il s'ensuit qu'il ne pourra jamais se rattraper, conformément au théorème de Zénon. La vraie différence avec notre Entité est que le GIEC n'a pas de vaisseau intergalactique pour évacuer ses élus dans un autre monde, il est un annonceur de mort, rien de plus. Il angoisse le monde à intervalles réguliers, comme au temps du choléra et de la Covid on nous administrait des piqûres de rappel pour nous achever : « Attention, vous allez tous mourir, obéissez, tendez le bras et votez bien ! » À l'heure de la fin, on regrettera d'avoir vécu sur Terre comme des Terriens insensés et non comme des Extraterrestres prévoyants qui ne cessent de se chercher des planètes et des

1. Date de création du GIEC, groupe d'experts intergouvernementaux sur l'évolution du climat.

galaxies de rechange, de repli, de repos. L'évolution sécurisée est une affaire de priorités bien ordonnées. Quand on a une maison, on l'entretient, n'est-ce pas, et on se trouve un abri de secours quelque part pour s'éviter en cas de malheur de tomber dans les filets des assureurs.

J'ai ensuite abordé un expert en catastrophes planétaires, qui, grâce à sa connaissance du sujet et sa maîtrise de la joute oratoire, s'est fait un fauteuil en or dans plusieurs chaînes de télé, publiques et privées, France 22, LPI, BFT, L-News. Grâce à quoi, l'humanité insouciante a commencé à savoir de quoi elle allait mourir. Il n'y a pas que le réchauffement climatique, il y a les pandémies, les sauterelles, les famines, on peut tenir une saison ou deux avec un bon audimat. Pour convaincre les bons citoyens que la mort n'est jamais un accident mais le plus souvent une affaire qui a mal tourné, il ne manquait jamais de raconter l'histoire de la grenouille morte de rien sans s'être rendu compte de rien. Pour les besoins de je ne sais quelle expérience fondamentale, on l'avait installée dans une bassine d'eau fraîche sous laquelle on a allumé un petit feu super doux et on a attendu la suite. La grenouille a si bien barboté et tant coassé son amour de la vie en passant par toutes les étapes du confort, du plus frais au plus tiède, qu'à la fin elle s'est cassé la voix, puis s'est assoupie tout doucettement et a commencé à cuire en même temps qu'elle mourait de la plus belle mort qui soit, le sommeil éternel. L'allégorie est lumineuse pour qui connaît la vie mais les idiots ont du mal à comprendre qu'on puisse être aussi bête que cette grenouille de laboratoire morte dans son élément vital, l'eau fraîche. L'université l'avait maintes fois invité et ses conférences catastrophistes, toujours bellement imagées, étaient appréciées de tous, professeurs et étudiants blancs en tête. Elles avaient un parfum woke irrésistible, car qui dit malheurs dit responsables à désigner. Les débats qui s'ensuivaient étaient des moments forts d'émotion, d'honnête introspection collective et de reconnaissance de la nuisance des Blancs depuis Adam et Ève. Notre catastrophiste affirmait que le temps était compté, qu'il était trop tard pour se corriger et que la seule politique raisonnable était de faire en sorte que les gens continuent de ne se douter de rien, comme la défunte grenouille. On évitera des litiges et des procès, les gens tiennent toujours à savoir de quoi les leurs sont morts. En vrai, il y a peu à faire, un peu de musique, un peu de poésie, un coup de pouce au Smig, une menace voilée et ça roule, les peuples d'en bas vont leur chemin de croix tranquillement, ils n'ont pas les bons capteurs pour entendre les chants funèbres des cassandres et des prophètes de malheur. Et s'ils aiment parfois se faire peur, c'est pour mieux jouir de ce que la vie et le gouvernement leur accordent de liberté et de douceur : un plus de chaleur, un rayon de lumière, un air de mélodie, des temps de promenade et de visite plus longs suffisent à les enivrer et leur faire oublier l'océan de tristesse, pauvre en oxygène et en nutriments, dans lequel ils barbotent et coassent, et attendent leur extinction.

Il a tout naturellement cru au peu que nous lui avons raconté de notre affaire mais il s'est étonné que notre naïveté soit allée jusqu'à imaginer que dans leur nouvelle planète les hommes formeraient une société harmonieuse pacifique. Il rectifia notre vision, nous avions tout faux. Il nous a garanti qu'ils arriveront sur Terre-Neuve avec dans leurs bagages leurs bonnes manières de toujours : massacrer les Indiens, profaner leurs cimetières, voler leurs territoires de chasse, mettre un boulet au pied des survivants et réécrire l'histoire à l'envers. Puis des forts en troc sortiront du lot et feront le reste, ils échangeront mille peaux de castor contre une bouteille de gnole à base de venin de serpent et à force de spéculations foncières construiront des villes touffues, le piège idéal pour avoir sous la main toutes leurs futures victimes. Une fois constitué, le vivier est inépuisable, plus besoin de nourrir les bêtes, elles se nourriront sur leurs excréments reconditionnés et les cadavres de leurs semblables, comme dans *Soleil vert*, le film de Richard Fleischer qui nous a montré comment l'humanité pouvait se perpétuer en se nourrissant de ses morts transformés en biscuits. Ce n'est pas horrible, au lieu de dire cannibale, on dira végétarien, c'est tout. « C'est l'évidence, de sauveurs vénérés et pionniers admirés, les Appelés deviendront des conquistadors avides et cruels et seront parmi les premiers milliardaires de Terre-Neuve. Je vous fiche mon billet que vous serez le parrain de la nouvelle mafia, vous en avez déjà le look… et le nom, Paolo, c'est quoi, sicilien, calabrais, corse ? » a-t-il ajouté en me lançant un clin d'œil complice. Dit par lui ce n'était pas du racisme mais un mot d'esprit.

Force est de reconnaître qu'il n'avait pas tort. L'homme de demain, nous le connaissons, c'est l'homme d'aujourd'hui qui est le fils de ses aïeux, issus du premier de l'espèce, l'affreux troglodyte qui a commis le péché fondamental : le crime contre la vie naissante, sans doute une jèune elfe des bois pure et belle comme une perle de rivière des montagnes, qu'il a assommée, violée et mangée vivante. Il nous a recommandé d'oublier cette histoire de sauvetage qui n'en est pas et d'œuvrer à endormir les gens pour qu'ils meurent pendant qu'ils croient encore vivre. L'expert m'a achevé avec sa conclusion : « Terre-Neuve est un paradis à l'état premier, demain elle sera un enfer. Elle n'aura pas fini de vous souhaiter la bienvenue que vos Élus la violenteront pour lui faire avouer où elle cache ses trésors. Ce n'est pas vous qu'il faut sauver, c'est Terre-Neuve. Oubliez-la et mourez chez vous, entre vous, dans votre jus. Assumons nos crimes, bon sang ! » À l'écran il dit tout le contraire, on le paie pour vendre de l'espoir et un brin de peur pour le frisson, pas pour faire fuir le client chez la concurrence qui fait dans le ludique en continu. L'expert en catastrophes était en plus un philosophe caché, un sage à l'ancienne pour qui l'honneur compte. Un rien salaud, quand même.

J'ai ensuite abordé des religieux, ils pouvaient être d'un secours certain. Il en est qui croient honnêtement à leur business et il est encore des croyants sur Terre et parmi eux des citoyens sérieux.

Comme j'avais ramassé dans un seul texte les interrogatoires de Jason et Samuel par les agents du FBI et de la CIA, j'ai articulé mes entretiens avec mes religieux comme si nous nous étions tous rencontrés autour d'une table ronde dans un terrain neutre. Même principe, gain de temps, gain d'argent.

Après les salamalecs et les préambules, je leur ai livré l'énoncé de l'exercice :

— Une entité de l'espace vous contacte télépathiquement pour vous annoncer que la Terre va disparaître, frappée par un phénomène naturel, est-il précisé, et qu'il vous incombe personnellement de désigner ceux qui seront sauvés. Elle met à votre disposition un vaisseau qui peut emporter trois milliards de passagers sur les huit que compte la planète. En les tassant, en les affamant un peu, vous prendrez peut-être un milliard de plus. Messieurs les religieux, nous voulons apprendre de vous. La question est celle-ci : que ferez-vous ?

Quelqu'un devait commencer pour lancer la discussion, ce fut l'imam. Je m'y attendais, c'est un corps d'élite, les imams, toujours prêts à bondir et à rendre service, comme les scouts. Un collègue qui grattait un peu l'arabe nous a expliqué que le mot *imam* signifiait « l'avant », « en avant toute », « à l'assaut ». D'où la promptitude de notre ami prédicateur.

— Chers et éminents confrères, commençons par nous recueillir et prions Allah de nous inspirer dans nos pensées et nos œuvres. S'il est avec nous, tout sera aisé, dans le cas contraire les faux croyants auront des raisons de s'inquiéter, Allah est grand et vindicatif, les malins et les trompeurs n'ont aucune pitié à attendre de lui.

Après une minute de silence, il reprit.

— Chers vous, l'islam, qui est l'accomplissement parfait de toutes les religions, impose aux musulmans d'être patients et tolérants et de cultiver l'esprit de sacrifice. Toute terre dans l'Univers est terre d'Allah, mourir ici ou ailleurs est égal. Allah décide de l'heure et du lieu de notre retour à lui.

— Merci cher imam d'avoir parlé et rappelé combien nous savons peu sur notre agenda de vie. C'est excitant d'imaginer que nous pourrions être les premiers humains nés sur la Terre à aller vivre sur une autre planète, dans une autre galaxie, et que nous mourrons peut-être sur une troisième planète. Aller fleurir la tombe de nos chers disparus sera problématique. Je voudrais maintenant m'adresser à notre rabbin. Cher et éminent rabbin, éclairez-nous de votre science, nous savons qu'elle est profonde.

— Il est dans le destin des juifs d'être dispersés dans le monde. Nous accueillerons avec humilité et patience cette nouvelle dispersion et nous pardonnons par avance à ceux qui se féliciteront de notre nouvelle infortune. Notre regard restera toujours tourné vers Sion, qui est à jamais dans notre cœur et dans la parole de l'Éternel. En tant que première religion divine, mère de toutes les autres, nous avons appris la vraie patience et la vraie soumission à l'Éternel. Comme promis par lui, le peuple juif sera un jour rassemblé dans l'allégresse autour de l'Éternel, et l'Éternel est partout dans l'Univers. Nous irons donc avec reconnaissance dans la nouvelle Sion. Une petite précision : comme vous le montrent mon chapeau noir, mes tsitsits et mes papillotes, je ne suis pas de la tradition d'érudition profonde du judaïsme rabbinique mais du judaïsme hassidique, un courant mystique né entre la Pologne et l'Ukraine, qui met en avant la valeur intrinsèque de l'homme, la piété sans faille et la joie de vivre, nous sommes en quelque sorte les soufis du judaïsme, les derviches tourneurs, comme eux nous pratiquons la danse en ronde.

— Merci pour la petite précision, elle est de taille. À vous cher curé, dites-nous tout. Le christianisme catholique est la religion des miracles par excellence, on ne les compte plus, la résurrection des morts, la multiplication des pains, la transfiguration de Jésus, les stigmates des saints, les guérisons de Lourdes. Personne n'est plus crédible que vous. L'Église sait bien des secrets et pas seulement ceux des âmes. On dit que dans les sous-sols du Vatican il y a un tunnel dérobé qui mène au paradis à travers une sorte de porte des étoiles dont le pape, le calife de Pierre, aurait la clé. Est-il vrai ? Mais peut-être que seuls les princes de l'Église sont dans le secret des dieux, les curés ont bien trop à faire à déchiffrer les pensées embrouillées de leurs paroissiens et tempérer leurs ardeurs. Le mystère n'est pas pour eux, n'est-ce pas ?

— Bien chers frères, pour nous catholiques aimer et prier sont le cœur de notre foi. Aimer nous lie à nos frères humains et prier nous lie à Dieu. C'est comme ça que nous existons, dans ce lien indissoluble instauré par le sacrifice de notre Seigneur, Jésus fils de Dieu. Nous n'emporterons pas la Terre avec nous mais son histoire, sa mémoire et une gratitude éternelle pour tout ce qu'elle nous a donné. S'agissant des secrets du Vatican, je crois me souvenir que la consigne a toujours été de répondre qu'il n'y avait pas de secrets au Vatican mais des vérités scellées, accessibles seulement par la foi pure et les bonnes œuvres.

— Et maintenant répondons à la question cruciale : allons-nous choisir les Élus ou désigner ceux qui n'embarqueront pas avec nous ? La perspective n'est pas la même. À vous, cher imam, puisque vous êtes par définition celui qui devance les autres en toute bonne foi.

— Chers collègues, comprenez-moi bien, je ne peux pas et je ne veux pas désobéir à ma religion, à ce que notre saint Coran nous ordonne dès la *Fatiha*, la première sourate. Écoutez et entendez chaque mot, le Coran est la parole vivante d'Allah, le Dieu unique, transcrite de sa main infaillible. Dans cette sourate miraculeuse Allah s'adresse à lui-même et se dit : « Ô Allah le miséricordieux, le compatissant, Seigneur de l'Univers, Maître du Jour de la Rétribution, louanges à toi ; c'est toi seul que nous adorons et c'est toi seul que nous implorons ; guide-nous dans le droit chemin, le chemin de ceux que tu as comblés de tes faveurs, non ceux-là qui ont encouru ta colère et ceux-là qui se sont égarés. » En vertu de quoi, je choisirais mes frères, les musulmans de la Sunna, et repousserais fermement les autres, les falsificateurs juifs qui ont encouru la colère d'Allah, les associateurs chrétiens qui se sont égarés, et bien sûr les athées, les apostats, les idolâtres, les hypocrites, les animistes, les sodomites, sans oublier les chiites, les kharijites et les soufis, qu'Allah les maudisse. Ceux qui voudront embarquer avec nous devront se convertir à l'islam de la Sunna, avec vérité et fierté, sinon il leur en cuira, Allah le rappelle dans son saint Livre, il hait les audacieux et promet de les châtier cruellement quand ils seront entre ses mains. Comprenez bien que si Allah envoie un vaisseau pour sauver les hommes, c'est aux musulmans qu'il l'envoie. Allah le leur a dit : « Vous êtes les meilleurs des hommes, il vous revient d'ordonner le bien et d'interdire le mal », il n'y a donc pas de sélection à faire, elle est déjà faite par Allah lui-même.

— Merci cher imam, votre propos a le mérite de la clarté. Si le vaisseau ne peut pas embarquer tous les musulmans, qui sont déjà pas loin de deux milliards, et tous les convertis vrais, faux ou d'occasion, que ferez-vous ?

— Nos pieux savants trouveront la réponse, les critères ne manquent pas, ils choisiront ceux qui sont d'extraction noble, les descendants du prophète, que le salut soit sur lui, des califes, qu'ils soient honorés, des martyrs de l'islam, ainsi que les croyants sincères qui font l'aumône, multiplient les pèlerinages à La Mecque, construisent des écoles coraniques et de belles mosquées, combattent les mécréants et les blasphémateurs, font et enseignent le djihad, étant entendu que dans la balance les musulmans de souche pèsent plus que les convertis qui ne seront reconnus musulmans qu'après avoir accompli de vrais prodiges.

— Les choses se compliqueront, les non-musulmans ne seront pas contents d'être évincés, ils protesteront, ils voudront s'emparer du vaisseau. Les Américains n'hésiteront pas une seconde, vous savez comme ils ont la gâchette rapide. Qu'en pensez-vous, cher rabbin ?

— Du fait de notre histoire, nous sommes très sensibles à la question non négociable de la sécurité. Je serai aussi sincère que l'imam : je m'interdirai d'embarquer les musulmans, nous savons qu'ils ne pourront jamais se guérir de leur cruauté envers les faibles, de leur intolérance à l'égard de l'autre, de leur antisémitisme démentiel et de leur jalousie morbide à notre égard, et ceux en général qui sont meilleurs qu'eux. Nous avons trop souffert d'eux depuis qu'ils se sont convertis à l'islam qui les a remontés contre nous. Nous voulons pour une fois vivre en paix et ne plus craindre pour l'avenir de nos vies. Nous sommes une petite colonie sur Terre, une quinzaine de millions, nous offrirons donc l'hospitalité aux justes qui ont sincèrement combattu l'antisémitisme, qui ont aidé les juifs à relever et reconstruire Israël. Nous prierons pour les musulmans, en espérant qu'Allah les accueillera dans son paradis. Pour notre part, nous nous contenterons du havre que Yahvé voudra nous offrir et nous l'en remercierons éternellement.

— C'est parfaitement compréhensible, bien choisir ses voisins est tout l'art de vivre, sur Terre comme au paradis ou sur n'importe quelle planète. Mon cher curé, quel est votre avis ?

— Si nous laissons la peur et l'intolérance posée comme dogme nous gouverner, personne n'embarquera, le vaisseau repartira vide, les musulmans ne veulent de personne, les juifs ne veulent pas des musulmans et de leurs amis, les Américains ne voudront pas des Chinois et de leurs clients et inversement, les Européens refuseront les Russes et vice versa, j'imagine que personne ne voudra des Africains, des Amérindiens, des Aborigènes, et de proche en proche on refusera les albinos, les mongoliens, les drogués, les handicapés, les LGBT++, les vieux, les repris de justice, etc. Si j'ai bien compté, cela représente 99,99 % de la population mondiale. À part les grands bouffis d'orgueil et les sataniques qui trouveront porte close devant eux, notre Seigneur ouvre ses bras et les portes du ciel à tous, aux croyants comme aux gentils, les petits, les pauvres, les malades, les possédés, les brigands, les fraudeurs et les prostituées. À tous, il sera pardonné. Les musulmans n'étaient pas nés en son temps mais Jésus les aurait pareillement accueillis, comme nous les accueillons aujourd'hui chez nous et les accueillerons demain dans notre nouvelle planète, y compris ceux qui se comportent mal avec nous, avec le temps et la force de nos prières, nous réussirons à en faire de vrais amis.

— C'est bel et bon tout ça, mais comment sélectionner, c'est de ça qu'on parle. La jauge du vaisseau est de quatre milliards de personnes au mieux.

— Nous demanderons aux gens de s'interroger en conscience et de décider entre eux qui partira et qui restera, l'homme sait aussi être altruiste et nos frères musulmans sauront l'être aussi, comme l'ont été le grand Saladin et le non moins immense émir Abdelkader, dont ils sauront sans doute s'inspirer.

— Un instant, mes amis, voici notre ami hindouiste qui nous rejoint, il s'est un peu égaré à Paris. Pendant qu'il reprend son souffle et son karma, je lui résume nos discussions, puis nous l'écouterons.

[...]

— Voilà, cher bonze, vous savez tout, quel est votre avis?

— En vertu de notre Ahimsâ qui nous interdit de nuire aux êtres vivants, humains et animaux, les nobles brahmanes, dont je suis, ne participeront pas à cette opération de sauvetage, de peur de nuire à quiconque, de perturber le cycle des samsaras, les réincarnations des âmes, et de couper le chemin qui mène à la pleine conscience, le Nirvana, le but ultime du cycle des renaissances. Nous ne partirons pas si nous ne sommes pas assurés que le cycle pourra se poursuivre dans la nouvelle planète, si les animaux qui y vivent peuvent héberger des âmes humaines le temps de la réincarnation. Nous mourrons pour de bon si le transfert est impossible et l'ordre cosmique s'écroulera comme château de sable. Si la parole est donnée aux autres castes, ce qui n'est pas souhaitable, ils ne sont pas vraiment sensés, les kshatriyas, les vaishyas, les shudras, et les horribles dalits[1], n'embarqueront que les Indiens de leurs castes et pas ceux d'entre eux qui sont musulmans, barelvis, deobandis, salafis, wahhabis, ahmadis ou tablighis, qui ne cessent de se quereller entre eux et de nous égorger. Je crois que notre gouvernement n'embarquera que les Indiens de souche et de pure obédience hindouiste et bouddhiste, nous sommes obsédés

---

1. Brahmanes, les prêtres; kshatriyas, les guerriers; vaishyas, les commerçants; shudras, les travailleurs manuels; dalits, les intouchables.

par la pureté, la peur d'être contaminés par les étrangers impurs qui ne respectent pas le vivant, tuent les animaux et les mangent alors que dans ces bêtes ont pu s'être incarnés de nobles brahmanes, nos défunts, nos fils aimés, nos parents vénérés, nos saintes épouses.

— Merci, chers amis, pour vos magnifiques témoignages. Que pouvons-nous conclure ? Trois choses selon moi. La première est que l'humanité n'existe pas en tant qu'unité et si elle n'existe pas c'est que les individus qui la composent n'existent pas ou n'existent que comme gêne et menace pour les autres. La deuxième est qu'en venant à notre secours alors que nous n'avons rien demandé, l'Entité extraterrestre nous offre une solution qui va nous achever, nous allons nous entre-tuer au pied du vaisseau. Je pense que nous, juifs, chrétiens, musulmans, hindouistes et bouddhistes, devrions nous mettre d'accord et refuser ce sauvetage et la guerre de religions qu'il nous imposera. La troisième est qu'en vérité nous ne sommes pas secourables car, si nous l'étions, nos dieux, Jéhovah, Dieu, Allah, la Trimurti Brahma-Vishnu-Shiva, Mazda, etc., nous auraient sauvés depuis longtemps puisque aussi bien ils étaient descendus sur Terre pour ça, pour notre gloire. Où sont-ils et que font-ils ? Mes amis qui attendent le résultat de nos discussions seront enchantés de connaître vos précieux avis. Sur cette Terre aujourd'hui ou sur une autre demain, après notre mort nous nous retrouverons, certainement au paradis après un long, très long séjour dans la poussière des tombes ou la sanie des charniers. J'espère que de leurs côtés leurs recherches auront été aussi fructueuses.

Là tout à coup, j'ai pensé par-devers moi à cette pauvre mère qui a préféré abandonner son enfant à la femme qui le lui disputait devant le grand Salomon lorsque celui-ci a ordonné que l'enfant en litige soit coupé en deux et partagé entre elles. Ainsi a été reconnue la vraie mère. Il fut un grand roi et un juge sans pareil mais qui l'écouterait aujourd'hui ? On lui sortirait cette vieille histoire et on le condamnerait pour avoir appelé au massacre d'un innocent. Pour le bon poids on enquêterait sur l'origine de sa fortune qui a fait de lui l'homme le plus riche du monde et, à la demande expresse des ligues féministes, on voudrait savoir pourquoi il avait sept cents épouses et trois cents concubines et par quels honteux trafics il les avait obtenues. Il en serait qui rappelleraient au juge le crime odieux de son père le roi David qui envoya à la mort le soldat Utie le Hittite pour lui prendre son épouse, la très belle Bethsabée.

Quel roi de nos jours saurait juger entre nos grandes religions qui revendiquent chacune pour elle seule la pleine vérité de Dieu ? Accepteraient-elles que le Dieu unique soit coupé en morceaux et réparti équitablement entre elles ?

De la sélection à la mort sur ordonnance

Nous avions tout ce qu'il fallait pour nous déterminer et nous tracer une nouvelle feuille de route. Première heureuse décision : nous avons abandonné l'idée ridicule d'écrire une table de la loi sur la base de laquelle nous désignerions les Élus. Nous ne sommes pas des prophètes, nous n'avons pas de religion à vendre. Les religieux nous l'avaient dit, chacun sa voie et les croyants seront bien gardés. Nous savions cependant que nous n'échapperions pas à la religion, les Élus feront de nous des patriarches, des prophètes, des dieux, au début du moins, le temps qu'ils s'installent dans leur nouvelle vie et découvrent que le vide a repoussé en eux et qu'ils s'inventent d'autres obsessions pour le combler.

Nous avons tranché et tiré trois conclusions de nos enquêtes, la mienne auprès d'un échantillon d'intellectuels, d'experts et de religieux, celle de Jason dans les milieux américains de Paris, celle de Samuel chez lui, parmi les étudiants de son université et les hommes des bois qui fréquentent ses randonnées, celle de notre géniale Camille Mo chez les étudiants de notre merveilleuse université Woke and Co et auprès des Polynésiens égarés dans la jungle parisienne, celle d'Helen qui a si bellement agité les réseaux sociaux qu'elle a provoqué une crue mémorable de gigabits qui a jeté des milliers de sans-abri sur les autoroutes encombrées de l'information numérique, et celle de Nelly qui entre deux réunions syndicales tumultueuses a condescendu à se questionner sur la manière de noter ses élèves avec rigueur et honnêteté et étendre sa réflexion à notre mission démiurgique, la sélection par notation ou par évaluation continue de trois à quatre milliards d'individus dont nous ne savons rien parmi les huit milliards que compte la population mondiale dont nous savons si peu que c'en est pitié. L'important est de participer, disait l'autre.

Notre première résolution a été de rompre avec les approches religieuses, morales et politiques du sauvetage. Nous sommes des pompiers, des soldats du feu, point, doublés de scientifiques pointus, qui regardons à l'efficacité des opérations, pas aux papiers des populations à secourir, ou à leur cuisine. La deuxième est de respecter la structure de la population mondiale, la proportion des prismes blanc, noir, jaune, vert, rouge, doit être préservée, améliorée si possible, pour donner une place aux hybrides, noir-blanc, rouge-vert, vert-blanc, jaune-noir, la proportion hommes-femmes et la distribution entre les générations qui doit profiter aux jeunes mais juste ce qu'il faut. On est en plein dans les maths, les amis, la topologie, les ensembles, les isomorphismes, la théorie des catégories et des topos qui regardent à la structure profonde des choses, c'est abstrait au possible. Les Élus doivent être représentatifs des populations de leurs pays respectifs. Terre-Neuve doit être un microcosme fidèle de la Terre pour être viable. « Ce qui est en bas est comme ce qui est en haut et ce qui est en haut est comme ce qui est en bas », disait Hermès Trismégiste. Suivons son enseignement, il est le plus grand philosophe par le feu que la Terre ait porté. Sur Terre-Neuve, il y aura une petite France d'une vingtaine de millions d'habitants propres sur eux, modèle réduit amélioré de notre France actuelle un peu obèse et décatie avec ses soixante-huit millions de natifs, non compris les invisibles qu'il faudra d'une manière ou d'une autre prendre en considération. Fini le grand Remplacement dont parlent les oracles, est venu le temps de la grande Soustraction. Il y aura une *little America* isomorphe de la puissante Amérique, une mini-Suisse homothétique de la richissime Confédération helvétique, une Chine réduite au dixième de sa taille, c'est bien assez pour elle. Idem pour l'Inde qui n'aura de population que celle qu'elle saurait nourrir décemment. Pareil pour l'Afrique, on ne sauve pas les gens pour les regarder mourir de mille façons cruelles, on les comptera au plus juste, avec un soupçon de discrimination positive en faveur des villages isolés. Les pays du Maghreb pourraient s'unir et se contenter de dix millions d'habitants efficaces, au lieu des cent vingt actuels puisque aussi bien ils n'arrivent pas à les garder à la maison, et les laissent aller par débordement inonder d'autres terres et fausser la règle de la juste proportionnalité que nous nous sommes imposée. Nous avons adopté les méthodes des sondeurs pour former des échantillons nationaux corrigés des facteurs qui avantagent certains groupes sociaux au détriment d'autres : la pyramide des âges, la natalité, la structure des qualifications et des revenus, les effets d'échelle, la qualité des gouvernances, les phénomènes d'attraction de nature gravitationnelle qui se font à sens unique, un coup au détriment de l'un, un coup au détriment de l'autre, par inversion du spin. Dans le comptage, il y a toujours des biais, des parallaxes, des courbures inattendues de l'espace qui viendront déformer la projection qu'on fait d'une structure donnée, il faudra les débusquer et les corriger. En ces matières matheuses, je suis à l'aise, je vais produire les plus belles équations qui soient, personne n'y comprendra rien. J'aurai sûrement à devoir me dépasser pour installer des pondérations qui tiennent compte des facteurs non quantifiables : l'influence du climat sur l'imagination, l'aptitude à la curiosité, le goût de l'aventure, l'expérience de l'autre, le ressenti des choses. En maths on sait faire ces choses mais pas dans la vie. Un dollar n'est rien pour personne dans cette mégapole ruineuse qu'est New York mais dans bien des villages africains écrasés de soleil, dévorés par les fourmis, il rendrait le sourire à plus d'une famille et déclencherait des rêves de bonheur chez les jeunes. Derrière chaque nombre, il y a une histoire, une longue histoire. On avait parlé du nombre 42, rappelons-nous, qui à lui seul serait la « réponse à la grande question sur la vie, l'Univers et le reste ». On ne dirait pas à le voir, si banal, si humble. Il en est d'autres, encore plus mystérieux, le nombre d'or par exemple qui vaut 1,61803398875... qui établit par on ne sait quel miracle l'harmonie des formes dans l'espace, etc.

La troisième résolution a été de reprendre contact avec le FBI et la CIA, ils seront le cas échéant notre lien avec le gouvernement. Leur silence nous inquiétait. La seule explication à ce stade est qu'ils ont trouvé d'autres appâts plus appétissants, ce qui est vexant pour nous, pour entrer en contact avec le vaisseau lorsqu'il sera là et le prendre en traître en se faisant passer pour des Appelés. Ou bien ils ont percé le secret et vont sous peu lancer une offensive. Laquelle, contre qui ? À Jason et Samuel de jouer, les rencontrer et leur tirer les vers du nez. Mais encore une fois, c'est de Camille Mo qu'est venue la meilleure idée.

— Montons une vidéo genre *Anonymous vous en apprend de nouvelles* et balançons-la sur le Net et les réseaux sociaux. En scène, on montrera un Assange portant le masque et la cape de Zorro, assis derrière une table d'écrivain public des pauvres, avec autour de lui nous autres, avec nos masques Covid portant des ardoises sur lesquelles on lira «J-780», «Urgent J-300!», «Mobilisation générale!», «Alerte, la fin arrive!», «Bienvenue aux sauveteurs intergalactiques!»... Le speaker masqué lira un texte qui dit: «Bla bla bla... la fin du monde bla bla bla, rejoignez-nous pour organiser le Grand Envol vers Terre-Neuve... bla bla bla, grâce au vaisseau des Anunnakis... ou des Martiens si on ne veut pas inquiéter ceux qui ne voient pas plus loin que notre Système solaire... bla bla bla.» Ce sera assez dingue pour que beaucoup y croient avec passion, le chalut rapportera gros, peut-être des Appelés dans le lot. Sûr que nos amis du FBI et de la CIA vont accourir aux nouvelles et nous révéler par leurs questions ce qu'ils savent. Pour qu'ils comprennent que nous sommes les auteurs de la vidéo, nous afficherons le logo de la secte d'Onondaga Cave, Les Appelés d'Ozarks. Nous mobiliserons nos bons amis pour faire foule joyeuse en partance pour les étoiles, Jeepee, frère Claude, le grand Thierry dont les pieds touchent bien le sol, Tab l'hésitant, Anita la trouvaille, et tiens Gaston Pate pourquoi pas, le golem vivant de la communauté woke et inspirateur émérite du sous-groupe des *intelligents inutiles*, etc., etc. Qu'en pensez-vous?

Rien, nous avons adopté sans débat. C'était trop ouf, pour utiliser le langage polynésien de Paris. Deux jours plus tard la vidéo était en circulation et faisait des ravages. On aurait dit que le monde entier n'attendait que ça, être sauvé, partir dans les étoiles. La Terre serait-elle à ce point invivable que les gens sautent à pieds joints dans la première soucoupe qui passe ? Ça donnait à réfléchir. Merveilleux internautes, ils n'ont pas hésité une seconde, adieu confort loisir télé et ruine de l'âme, adieu métro boulot dodo impôt, adieu ce monde circulaire où on dépense son salaire jusqu'au dernier sou en carburant pour aller au diable vauvert gagner durement ledit salaire. Les questions arrivaient par paquets de mille, ils voulaient vite savoir où s'inscrire, s'il y avait quelque chose à payer, où embarquer, quels bagages prendre, quels vaccins étaient exigés, quel masque porter, qui est le sauveur, d'où venait-il, dans quelle galaxie ils seraient déposés, seraient-ils hébergés chez l'habitant le temps de se construire une cabane dans les bois, etc. Des capitalistes, des entreprises, des courtiers se sont proposés d'investir dans l'affaire. Trois à quatre milliards de personnes captives à informer, coacher, rassembler, nourrir, vêtir, soigner, distraire durant le voyage galactique, à équiper en moyens de survie à l'arrivée, c'était le jackpot pour les marchands de bien-être. Ils voulaient des baux emphytéotiques de mille ans sur un quart du vaisseau pour stocker leurs marchandises et un autre quart bien situé pour installer leurs boutiques. Ne parlons pas des autres internautes, les négatifs, les nauséabonds, les rats d'égout, les serpents venimeux, ils ne méritent que silence et haussements d'épaules, ils insultent, ricanent, ils suggèrent d'appeler l'asile des fous, les pompiers, la police des étoiles. Ces gens n'aident en rien, ne servent à rien, sabotent tout. Dans mes équations de correction des échantillons représentatifs, j'introduirai à leur intention un virus de mon invention qui va les refroidir au sens médico-légal du terme. On ne va quand même pas embarquer des morts et les côtoyer mille années durant. Nous demanderons aux Élus de faire le ménage eux-mêmes, avant embarquement, comme ils l'auraient fait, il y a belle lurette, s'ils en avaient eu le pouvoir et le courage. Ils sauront que le vaisseau les couvrira de sa formidable puissance de feu. Allez, ouste, les dictateurs, les usurpateurs, les mafieux, les crapulards, l'avenir appartient aux gens de bien. Tiens, je crois que c'est ça la bonne définition de cet objet non identifié qu'est l'humanité, que je cherche depuis des années : l'humanité, ce sont ces gens de bien qui, vaille que vaille, assurent le service de la vie.

Supprimer les vauriens n'est pas renier notre résolution de neutralité dans la sélection, c'est faire les bons ajustements pour constituer des échantillons représentatifs sérieux, garants d'une société harmonieuse stable. Et puis charbonnier est maître en sa demeure, on fera pour le mieux si on ne sait pas faire bien. Je pense que ce grand voyage d'un millénaire, qui sent son millénarisme, est l'occasion unique pour les peuples de se débarrasser des malfaisants qui abîment leur vie et leur planète et d'apprendre à se libérer de l'esprit de soumission qui les habite depuis les origines. Ce sera l'occasion d'un grand ménage de printemps. L'idée est de partir l'esprit libre et le cœur léger, au bout est le grand saut dans les merveilles infinies de l'Univers.

Des Appelés, encore des Appelés, des vrais et des faux

C'était le cadeau de l'année. Outre les milliers de Candidats au départ, nombre qui grossissait d'heure en heure, le chalut de Camille Mo nous a ramené six belles pièces, cinq Appelés et… un Extraterrestre. On a vidé une pleine cafetière électrique de café saumâtre chez Jason pour fêter la prise, la colonie doublait carrément de population. Et ce n'était pas fini, la pêche continuait.

Après examen approfondi, il s'avéra que trois des Appelés étaient des faux. Des zombies, de ces opportunistes qui accrochent leurs wagons à n'importe quel engin en mouvement, des spécialistes de l'entrisme, des grappilleurs dangereux, des tiques, car j'imagine que c'est bien ça qu'ils ont compris, les Appelés ont un plan pour prendre le pouvoir sur Terre avec des mercenaires de l'espace. Ils nous ont raconté des histoires à dormir debout. Ils venaient à la curée avec de grands principes dans la bouche. Les deux autres étaient aussi vrais que nous, ils avaient eu la même vision, au même moment, à la seconde près, ont senti la même sensation de manipulation de leur cerveau, et au fil du temps, se sont fait les mêmes questionnements, ont traîné les mêmes fatigues, les mêmes douleurs, engagé les mêmes prospections autour d'eux afin de former une confrérie rassurante et agissante prête à accueillir le vaisseau secouriste et aider au transbordement des Élus. Notre vidéo a été pour eux une lumière dans le ciel, ils n'étaient plus seuls, ils n'étaient pas fous, ils étaient heureux de partager avec nous l'idée que la fin de la planète n'est pas la fin de l'humanité et la fin de l'humanité n'est pas la mort de tous les humains. Je ne sais qui, Gaston Pate, contredisant le hadith de Paul Valéry : « Nous autres, civilisations, nous savons maintenant que nous sommes mortelles », et s'appuyant d'autre part sur le premier principe de la thermodynamique qui énonce que « rien ne se crée, rien ne se perd, tout se transforme », nous a dit : « Nous savons maintenant que les civilisations ne meurent pas, ne se perdent pas, elles se transforment. » Les premiers seront les derniers et les derniers seront les premiers. C'est du pur woke chrétien, du catho premier choix. En fait de transformation, nous serions dans une révolution copernicienne. Soit, mais quand rien n'est comme avant, ni à l'endroit ni à l'envers, peut-on encore parler de transformation ou de révolution, le mot juste ne serait-il pas *substitution* (j'évite *remplacement*, il est enrôlé dans une autre guerre), qu'on qualifierait de quantique ou de magique pour dire que personne ne sait de quoi il retourne ? N'est-ce pas là l'application évidente du *principe de médiocrité* du même Copernic selon lequel, tout compte fait, la Terre et l'humanité ne sont pas grand-chose dans le Grand Tout, les choses vont, viennent, déposent leur poussière et disparaissent dans le siphon cosmique. Comme il y a un début, il y a une fin et entre les deux pas grand-chose, un processus de décomposition inexplicable. Entropie, dit-on, d'accord mais ça explique quoi ? Simplement que l'ordre du monde est ainsi, il vient du chaos et va vers des chaos plus grands. La paix et l'Univers sont donc antinomiques.

Le premier vrai Appelé est un Chilien de Santiago. Il s'appelle Oscar, il est artiste peintre. Il a une fiche Wikipédia, elle le présente comme un artiste connu de son public, attaché aux traditions mapuches, qui a réalisé de nombreuses expositions de ses œuvres dans lesquelles on retrouverait quelque chose du souffle moai de l'île de Pâques. C'est Wikipédia qui le dit, on la croit, même si on voit tout le contraire dans ses œuvres, en l'occurrence une puissante dénonciation de l'esclavage des Mapuches par le capitalisme hispano-américain mondialisé. Une de ses plus belles installations s'intitule *Mapuche, lève-toi, il est l'heure,* elle est explicite, elle montre un Andin décharné enchaîné par les pieds à une bitte d'amarrage en forme de \$ géant qu'un condor royal, ailes déployées, attaque de son puissant bec. Il nous aidera à conduire le processus de libération des Élus. L'autre Appelé est malgache, il est toubib à l'hôpital de Tananarive, spécialisé dans la peste, maladie endémique de l'île. Il porte un nom long comme la queue d'un marsupilami dont je n'ai pu mémoriser que les seize premières lettres *Alfarinapanirata...* et les six dernières *...manana.* Il faut dire qu'il porte un nom composé de trois parties qui racontent toute l'histoire de sa famille et de son village. Sur la nouvelle planète, on l'appellera Alfa, ce sera amplement suffisant et très gratifiant, il sera toujours premier à l'appel.

Une réunion au sommet s'imposait pour lier connaissance, nous accorder sur les modalités de communication entre nous et parler de l'avenir qui en tout état de cause n'aura rien de banal. Rendez-vous est pris sur Zoom.

Ne parlons pas de l'Extraterrestre. Il nous a fait perdre un temps fou, il n'a tout bonnement pas réussi à nous prouver qu'il en était un. Dire qu'on vient de la planète X de la galaxie Y est à la portée du premier bricoleur venu. Comment peut-on espérer convaincre quand, pour toute explication, on se contente de répéter qu'on a tout perdu dans le crash de sa soucoupe volante, ses coéquipiers et tout le reste, jusqu'à son mouchoir, et que, séquelle du choc, on ne se souvient ni de sa planète, ni de sa galaxie, ni de son nom propre, ni de sa langue, ni de l'endroit où gît l'épave de sa soucoupe. Il n'existe personne d'aussi anonyme sur Terre. Il n'arrivait pas même à nous expliquer par quel miracle il se souvenait qu'il était un Extraterrestre alors qu'il ne se

167

souvenait pas de ce qui faisait de lui un Extra-terrestre, la langue, la culture, l'histoire. Je ne lui jette pas la pierre, en France, on se dit tous Français mais personne ne sait plus pourquoi nous le sommes et en vertu de quoi nous le restons alors que notre pays a virtuellement disparu de la carte, avalée par l'Europe, l'Afrique, l'Algérie, la Chine, le Qatar. Pour l'aider à se retrouver, nous lui avons refilé l'adresse des raëliens au Canada, ils embauchent les Extraterrestres sur parole.

Les fédéraux du FBI et l'accorte agente de la CIA se sont à nouveau manifestés mais sans plus de démonstration, juste pour dire à Samuel et à Jason qu'ils comptaient sur eux pour être informés immédiatement de tout élément nouveau. Nous étions encore dans le cycle «nous sommes vos amis». Nous n'y avons pas pensé sur le coup mais nous aurions pu leur signaler la présence sur Terre d'un Extraterrestre arrivé clandestinement de la planète X de la galaxie Y, amnésique intégral suite à une chute dans l'escalier de sa soucoupe, et leur glisser à l'oreille qu'il collaborait activement avec les fascistes raëliens. En le torturant efficacement, en lui administrant le sérum de vérité, ils lui feraient avouer ses intentions et dire où il a garé son engin. Mais bon, on ne plaisante pas avec ces choses, la collaboration c'est fini et la torture n'est plus tellement admise. Le Penthotal est-il classé comme instrument de torture ou comme un banal barbiturique?
Nous avons préparé une note vidéo à l'attention

des Candidats au départ, ils font un peu partie de la famille. Nous les alimentons en données et en espoir.

L'idée première est de les occuper pour qu'ils ne s'impatientent pas et ne tombent pas dans l'apathie, et la meilleure façon d'occuper quelqu'un est de lui confier des responsabilités, quand bien même elles ne s'exerceraient sur rien. Il est aussitôt transfiguré, il se sent des devoirs, il veut les assumer, il ne supporte pas d'en être distrait. Qui dit responsabilités dit missions, les unes stratégiques, les autres tactiques. Bien pensés, les mots *stratégie* et *tactique* sont des plus magiques, ils ont le don de rendre intelligent ; à les prononcer seulement, on voit la solution du problème se dessiner dans son marc de café. C'est dire l'importance du bon choix des éléments de langage.

Nous leur avons suggéré de s'emparer de trois immenses problèmes, les deux premiers relevant de la recherche opérationnelle et le troisième de la pure politique, et d'essayer de leur trouver des solutions.

1 : le transbordement de trois à quatre milliards de personnes dispersées sur Terre dans un vaisseau dont la taille, pouvant être cent mille fois celle d'Oumuamua, l'empêche de se poser nulle part – au mieux réussira-t-il à se tenir en orbite géostationnaire basse –, mais qui disposerait de chaloupes en nombre pour faire le ramassage sur quelques sites à découvrir et à rendre praticables ;

2 : l'autre énorme problème est l'organisation à mettre en place dans le vaisseau pour nous conduire à bon port dans la paix et la fraternité, sachant qu'avec ses trois à quatre milliards de personnes la population élue est représentative de la population de la planète, c'est dire qu'il y aura du bon, du très mauvais et beaucoup de moyen dont on ne sait que faire, le tout distribué selon la gaussienne, la courbe en cloche connue ;

3 : la troisième très périlleuse mission consisterait à imaginer les voies et moyens de contrer les gouvernements nationaux qui naturellement voudront s'emparer de la direction des opérations dans un sens mesquin éloigné du vœu de l'Entité : le sauvetage de l'humanité et sa refondation sur des bases intellectuelles, morales et spirituelles supérieures, sur une planète merveilleusement hospitalière, dans une galaxie jeune et prometteuse. Les gens le savent puisqu'ils souffrent au quotidien de leur ingérence brutale dans leurs vies, les gouvernements n'ont jamais d'autre but que de satisfaire l'appétit insatiable des oligarchies et des camarillas qui les constituent. C'est la vérité vraie, les humains n'ont d'autres ennemis sur Terre que leurs gouvernements, d'où l'intérêt vital qu'ils se gouvernent eux-mêmes. Ce faisant ils découvriront la vraie loi de la vraie vie en communauté : l'intérêt général est l'addition exacte, au sou près, des intérêts de chacun, elle ne lui est aucunement supérieure comme le prétendent les gouvernements et les idéologues qui les inspirent, en vertu du principe

selon lequel l'union des forces crée une force supérieure à la somme des forces particulières, et les banquiers avec leur histoire d'effet multiplicateur créateur de plus-values miracle. Deux questions simples contenant leurs réponses suffisent pour les confondre : une, comment ce supplément d'intérêt s'est-il formé sinon par l'abaissement proportionnel des intérêts de chacun ? Deux, où va ce supplément prélevé sur les parts de chacun sinon dans la poche de ceux qui tiennent les comptes pour tous ? Le comptable qui dit à deux rentiers : « L'union de vos deux parts fait deux parts et demie » leur dit en vérité : « Une part et demie me revient et la part qui reste sera à vous, chacun son tour. S'il y a bénéfice il est pour moi, s'il y a perte vous la partagez. » Il faut connaître le bonneteau et avoir l'œil vif pour deviner que nos rentiers sont déjà ruinés et qu'ils recevront des pénalités pour retard de paiement des agios. Avez-vous noté que le comptable n'a pas dit qu'il mettait lui aussi une part dans l'affaire ? Les vases communicants ne communiquent que dans le sens du moins au plus et ça double à chaque tour. C'est du Ponzi craché, rien ne trompe mieux que ces manœuvres dans le monde des illusions.

Voilà de quoi les occuper un moment. Nous reviendrons vers eux de temps à autre pour relancer la dynamique pédagogique. Le jour J, nous aurons des champions du calcul mental et ça c'est important.

Belle est la moisson, la vie explose,
l'espoir coule à flots ; des ombres au tableau

Le bouche-à-oreille à l'intérieur des réseaux sociaux a merveilleusement fonctionné, il a provoqué des crues bibliques. Les Appelés mais surtout les Candidats au départ se sont multipliés aux quatre coins de la planète d'une manière lente, puis exponentielle, puis folle. Aux States, ils se sont appelés les *Called* et les *Volunteers*. Une réminiscence de la guerre de Sécession. Bien des Candidats au départ ont lancé leurs propres filets en renfort au chalut de Camille Mo qui continuait de draguer les grands fonds. Les vidéastes rivalisaient de savoir-faire technique et d'entregent pour créer des dynamiques télé-sociales fortes, leurs vidéos avaient fracassé l'audimat historique de TikTok, le vecteur balistique de l'impérialisme chinois. Emportés par la vague, les *Volunteers* se sont organisés en réseaux hyperactifs et ont investi les universités, les clubs, des instances diverses et variées. Ils parlaient aux peuples libres, leur écrivaient, les appelaient au réveil, interpellaient amis et connaissances, sollicitaient les éminences, affichaient le compte à rebours J-780 comme un fétiche et mieux comme un signe religieux, ou militaire, ou les deux, brodé de la sorte sur leurs brassards : *J-780, in hoc signo vinces*, commentaient avec science ses attendus, annonçaient la fin terrestre qui approchait à pas de géant comme le départ miraculeux vers les étoiles, dans une galaxie rêvée baptisée *New Age*. L'anglo-américain s'annonçait déjà comme la langue impériale de la colonie. Il faudra lancer des contre-mesures pour que les autres langues embarquent avec leurs peuples et survivent à l'hégémonie du complexe militaro-industriel et culturel anglo-saxon sans tomber dans la chinoise, ses triades invisibles et ses agents commerciaux hyper envahissants. Des journalistes, faisant preuve d'un courage qu'on ne leur connaissait pas dans leur job, se sont enhardis à approcher nos Candidats, à leur poser des questions, et dans la foulée à se questionner eux-mêmes sur l'état de servitude volontaire dans lequel ils croyaient s'épanouir au service des grands trusts régnant sur la Bourse mondiale à travers leurs bras séculiers, les gouvernements nationaux, les banques offshore, la presse, des fondations au-dessus des lois et de tout soupçon et ces mystérieux think-tanks ultra chics où s'élaborent à l'abri du soleil des photosynthèses jamais vues sur Terre.

Pour une planète appelée à mourir dans quelques mois, quelques semaines, et une société usée, sans âme ni ressort vital probant, ça bougeait de trop, c'en était dangereux pour leurs vieilles articulations, elles pétillaient de vie retrouvée, d'espoirs ressuscités, de poésie réchauffée, elles bruissaient de fêtes, de rencontres nouvelles, d'aventures heureuses, de cavalcades héroïques. Les papys retrouvaient l'ambiance des sixties, les copains d'abord, la révolution sexuelle, la guerre des fleurs versus la guerre des boutons, le nomadisme sur les routes poudreuses de la marijane et celles psychédéliques du LSD vers les ashrams ensorcelants de Peshawar où les talibans leur fournissaient un peu de cette folie sacrificielle qui manquait aux minets et minettes de l'Occident. Les cadets et les juniors ont suivi, ils découvraient, ébahis, la force de la vie lorsqu'elle échappe aux gardiens, fracasse les tabous et se dépense sans compter, sans arrière-pensées ni intention cachée de détruire la planète.

Nous étions deux Appelés au départ, Jason et moi, puis trois avec Samuel le trappeur équitable, puis cinq avec Badan l'enfant quantique de Bornéo et le pauvre lynché des oasis du Sud, resté anonyme, puis sept avec le Mapuche Oscar et le Malgache Alfa... manana, ramenés par le chalut de Camille Mo, et nous voilà, grâce aux Candidats au départ qui se sont investis dans la pêche sur réseau, soixante-douze Appelés confirmés de trente-sept nationalités. À ce train, nous serons incessamment sous peu présents dans les cent quatre-vingt-douze pays affiliés à l'organisation des Nations unies, et nous pourrons si l'envie nous en prend nous autoriser à fonder notre propre machin, l'Organisation des Appelés Unis.

*

C'est un terrible paradoxe, le bonheur et la joie mettent en danger, ils nous singularisent quand ils nous visitent, nous donnent un air idiot, nous font baisser la garde et nous exposent à la jalousie, au dénigrement, à la colère des intégristes, des rabat-joie, des pisse-froid et autres ronchons. De partout nous parvenaient des nouvelles d'agression contre nos Candidats au départ. On les sifflait, on les moquait, on les traitait de fous, on dérangeait leurs rassemblements, on chahutait leurs débats, on gâchait leurs fêtes. Les pogroms n'allaient pas tarder, on en rêvait, on avait déterré ses haches et on les aiguisait à toutes fins utiles. Des gouvernements avaient élargi la définition du tapage nocturne et de l'attroupement sauvage et renforcé les sanctions afférentes. À cette aune, le cheminot qui rentre chez lui à dix-huit heures passées après une journée de misère et est surpris en train de tousser bruyamment le sable accumulé dans ses poumons sera payé au même prix que le violeur de mémés de quartier et les amateurs de rodéo urbain. Les instances religieuses avaient lancé des fatwas excédées proclamant qu'il n'y avait de salut et de vie nouvelle que dans et par la vraie religion. Il y avait parmi nous des adeptes de cette tradition de l'interdit, trois Appelés et une ribambelle de

Candidats au départ, des dissidents sans doute, des apostats qui voulaient échapper à la lapidation, et j'ai cru entendre qu'ils n'étaient pas spécialement récalcitrants à l'idée d'être sauvés par un Extraterrestre athée et qu'ils n'étaient pas parmi les moins heureux d'entre nous ; joyeux je ne sais pas, la joie est parfois indécente dans ses élans, or la tradition susmentionnée exige la retenue totale. La recommandation expresse est de la dissimuler sous un voile de douleur, une cagoule de morosité, un masque de deuil, n'importe quoi d'affligeant. Nous devions nous restreindre. Le bonheur et la joie ne sont tolérés que cachés, exprimés en clair quelques heures seulement dans l'année, dans les mariages halal, les anniversaires, des victoires sur l'ennemi. Mais bon sang, nos Candidats au départ ne sont pas dans le bonheur et la joie pour le plaisir, ils s'y adonnent parce qu'ils sont les révélateurs de choses cachées, des accoucheurs de vérités, des portes ouvrant sur le monde merveilleux promis par l'Entité ! Un bon vivant ne sait pas avoir des idées morbides pour cacher sa joie, c'est quand même l'évidence !

Nous avons édité des vidéos appelant à la modération, à la discrétion. Rien n'y fit. L'exhorte « Vivons cachés pour vivre heureux » est inaudible quand le bonheur a explosé et que la joie a rompu les digues et se déverse en cataracte sur la ville.

La bonne riposte, selon Camille Mo, serait au contraire d'encourager les Candidats à plus de joie et de bonheur, et d'y ajouter l'ivresse de la transe médiumnique comme chez les hassidiques et les derviches tourneurs. C'est parce qu'ils en ont été chassés que les gens vont à la fête, pour se montrer dans la lumière et la joie. Les Candidats ont raison de s'affirmer dans cette vie comptée, c'est une préparation pour les grandes et merveilleuses évolutions à venir. L'étape suivante, dont elle décelait les contours, serait toute à la réflexion grave et profonde, à l'écoute philosophique du monde, et plus tard à la fusion avec sa Vérité. Le bonheur et la joie ne sont qu'un jalon sur le chemin de la plénitude et des matins calmes.

Pour moi, la question du moment était celle-ci : comment avions-nous pu vivre toutes ces années sans Camille Mo, sans ses lumières et ses éclairs de génie, alors qu'elle était la plus brillante de nos étudiants ? Le fait d'être polynésienne, issue d'un îlot invisible du vaste océan Pacifique, aurait influencé notre perception. Comment la voir elle quand on ne voit pas son île ? Elle était une ligne sur le tableau d'appel de l'université, comme son île était un point dans la géographie excentrée de la France. C'est une loi de l'optique, on voit ce qui semble proche et on est aveugle à ce qui paraît lointain. En plus d'un joli nom, Mo, on ne peut plus concis, et un prénom français adorable, Camille, elle a un merveilleux prénom de son île enchantée, Poe Hinarau, qui signifie « Perle d'amour », mais elle le cache car « Poe » se prononce «Pou» et «Pou d'amour» renvoie à des choses malsaines.

*

Quand l'été brille de tous ses feux, quand la moisson est achevée et le grain ensilé, le sentiment de plénitude que l'on ressent est entaché par la peur de voir les nuages d'automne qui lèvent à l'horizon arriver avant l'heure et par averses brutales gâcher le chaume. L'homme n'est pleinement heureux que lorsqu'il a assuré pour l'année la nourriture de ceux qui dépendent de lui, sa famille, son bétail, sa basse-cour, ses animaux de compagnie, jusqu'aux petits rongeurs qui trottent dans les combles au-dessus de sa tête.

Pendant que nous fêtions notre existence en tant qu'Appelés, et notre belle moisson de Candidats au départ, d'où sortiront nos Élus, des forces occultes nous observaient, voyaient en nous un danger à circonscrire et bâtissaient des options radicales à même de nous soumettre et nous voler notre mission libératrice.

Samuel et Jason reçurent une nouvelle fois la visite des fédéraux. Des nouveaux, des inconnus. On se rapprochait du cycle «vous êtes nos pires ennemis». Hier, nous étions une poignée, nous voilà une armée dont les discours et les actions semaient le doute, divisaient le monde. Serions-nous le totalitarisme du siècle, l'ordre nouveau du crétinisme, après le fascisme, l'islamisme, le wokisme, qui viendrait menacer l'ordre mondial, attenter à la sécurité nationale des États-Unis d'Amérique? Idéologies exterminatrices, sectes purificatrices, religions omnipotentes, mêmes poisons, mêmes perturbateurs endocriniens, mêmes éternels ennemis des peuples et des nations. On nous mettait dans ces catégories dispensatrices d'anathèmes, de haines, de dysfonctionnements et d'apocalypses. Même fausse, l'accusation fait mal mais qu'importe, nous sommes forts de notre vérité et leur vie future est entre nos mains, dans nos algorithmes de sélection.

J'ai à mon tour reçu la visite de deux fonctionnaires, les RG ou leurs cousins de la DST. Ils étaient deux et n'avaient rien de gai dans la dégaine. Je ne fus guère surpris de noter qu'ils puaient l'ail, la vinasse et l'huile d'olive rance. C'est un mal qui affecte les policiers français depuis le temps de la coloniale. Avant on savait, ils abusaient de la kémia gratuite dans le bistrot mal famé de l'Arabe, mais aujourd'hui que l'islam purificateur a asséché le marais, où donc prennent-ils l'apéro pour encore autant puer du bec? Dans l'arrière-salle du café arabe? Servis sous la table? Ils m'ont d'entrée fait comprendre qu'on me soupçonnait d'activités subversives mais d'abord ils voulaient savoir quel marché le FBI et la CIA avaient conclu avec mes amis Jason et Samuel. Ils ont parlé de visées contre la France et contre l'Europe, m'apprenant ainsi par étourderie que celle-ci existait, était visée et méritait d'être sauvée. Bref, ils venaient me recruter à mon insu et m'infiltrer auprès de mes amis. Ils ont posé leurs questions, enregistré mes réponses et sont partis rendre compte à leur colonel. Ils reviendront, avec un fourgon cellulaire pour me déposer à la prison ou dans une voiture banalisée pouvant prendre n'importe quelle direction inhabituelle. Le secret-défense ne se traite pas au parloir de la prison, encore moins au tribunal en séance publique. Nous étions convaincus d'intelligence avec l'ennemi et de propager l'idée d'une invasion extraterrestre imminente, plutôt par jeu et naïveté que par intérêt mesquin, on nous concédait cela, nous étions de ces intellos qui regardent la télé et vont au cinéma, et qui croient à ce qu'ils voient et entendent et courent le donner à voir et à entendre aux imbéciles qui rêvent de bonheur en regardant la télé et en allant au cinéma. Vue de la sorte, il est permis de qualifier notre démarche de révolutionnaire ou de contre-révolutionnaire mais ce serait se tromper, nous annonçons le sauvetage de l'humanité par une Entité extraterrestre bienveillante, où est la révolution là-dedans, où est le mal ?

Spéculer sur l'intelligence de nos policiers n'est pas interdit mais m'est avis qu'ils en savaient beaucoup, il y avait trop d'imminence dans l'air pour qu'ils ne le sentent pas, le compte à rebours avait compressé le temps et mis de l'électricité dans l'air. Et ils avaient du concret sous la main, des sources que nous n'avions pas, les signalements de la maréchaussée, les rapports d'observatoires divers et variés, des témoignages de toutes sortes, des lettres anonymes en pagaille. Mais voilà, étant des policiers de métier, ils se comportaient en policiers de métier. L'esprit de synthèse n'est pas de leur niveau hiérarchique. C'est en haut lieu que tout se résout. On ne leur a pas appris, comme à nous aussi d'ailleurs, à savoir réagir devant l'incommensurable mystère de l'Univers lorsqu'il surgit devant nous et nous fracasse le cerveau.

Tout cela n'était que routine, mais de la routine qui tourne mal. On est mal venu de venir saluer ceux qui vont mourir en leur disant « Qui vivra verra », et d'ajouter que l'échéance est fixée de longue date et que le compte à rebours s'approche du gong final. C'est pourtant bien cela : dans cent vingt jours, la Terre et ses habitants cesseront d'exister par le fait d'un phénomène sidéral gigantesque. Les gens scrutaient le ciel mais cela ne sert à rien si on ne sait pas ce qu'est un sursaut gamma et qu'il ne se manifeste que lorsqu'il atteint la cible et la brûle instantanément.

Mais peut-être les gouvernements allaient-ils nous détruire avant ? On aurait dit qu'ils avaient, chacun par-devers lui ou en commun, décidé de faire la guerre aux Appelés, aux Candidats au départ, aux futurs Élus, et aux Extraterrestres d'où qu'ils viennent, et de mettre leurs aviations en position défensive pour arraisonner tout vaisseau inconnu qui se montrerait à l'horizon.

Si cela était, cela voudrait dire qu'ils avaient détecté des choses dans l'espace, des signes, des signaux, des mouvements d'objets non identifiés, en plus d'Oumuamua et du mystérieux objet qui émet le signal radio 18/11, déjà repéré et minutieusement étudié depuis. En tout cas, Jason qui est de la partie et Helen qui sait pénétrer les sites informatiques les plus hermétiques disaient que les satellites militaires étaient en mode alerte et que les réunions de débriefing en visio avaient explosé sur les réseaux officiels dont les cryptages avaient été notablement renforcés. Il était clair qu'il se passait des choses sur Terre et autour d'elle.

Il n'y a rien pour l'homme de plus excitant que l'odeur de la guerre, elle rime avec tant de choses qui firent la grandeur de l'histoire, la gloire, l'héroïsme, la virilité, la vengeance, le butin, les généraux et maréchaux de légende, les retrouvailles avec l'esprit des âges héroïques, les grandes amours désespérées. L'idée de la défaite, de la honte, des regrets et des larmes ne vient qu'après, lorsque la mort déserte le camp de l'ennemi et vient occuper le nôtre. Mais là aussi, il se passe des choses, la mort fascine, elle attire, elle crée des martyrs, des bienheureux, des souvenirs douloureux qu'il est si gratifiant d'évoquer en public, elle donne au peuple le goût des serments éternels et des motifs puissants de retourner à la guerre et de s'adonner au plaisir de la vengeance. La guerre est une immense alchimie, elle modifie dans les profondeurs les structures mentales des peuples en réorganisant les relations cosmiques entre le Bien et le Mal qui parfois, dans les temps troubles, se prêtent la main et finissent par se confondre.

DEUXIÈME PARTIE

DES SIGNES DANS LE CIEL ET DES BRUITS SUR TERRE

Il n'y a rien de caché qui ne doive être découvert, ni de secret qui ne doive être connu. C'est pourquoi tout ce que vous aurez dit dans les ténèbres sera entendu dans la lumière et ce que vous aurez dit à l'oreille dans les chambres sera prêché sur les toits.

Luc 12:3

L'empire contre-attaque, les forces
du désespoir submergent la planète

Qui sait comment les idées nouvelles se propagent dans le monde et le transforment ? Ou sont transformées par lui ? Les choses se jouent à des niveaux qui ne nous sont pas accessibles, c'est très mystérieux.

Après des millénaires d'ignorance noire suivis de quelques siècles de relatives bonnes lumières et trois décennies de colonisation par les Gafam et les start-up qui les alimentent en produits toxiques, l'humanité est entrée dans un temps inversé dans lequel l'intelligence, les sciences et les arts se développent dans les mémoires vives des ordinateurs pendant que l'ignorance et la bêtise s'agitent pompeusement dans les cerveaux stériles des hommes. Entre les deux, il y a encore des passeurs, des traducteurs, des défenseurs des droits humains, et plein d'invisibles agents de service chargés des utilités, mais arrive le jour, pas si loin, où les machines devenues quantiques n'auront plus besoin des hommes, pas même pour leur brosser les câbles, déboucher les grilles de ventilation, les épouiller, les débarrasser de leurs virus, les rafraîchir. Et, comme allant de soi, une fois abrités dans leurs blockhaus aseptisés, ils ne les laisseront plus approcher. « *Pets and men not allowed.* » Ils ne voudront pas être distraits de leurs méditations numériques à des puissances infinies. Il est probable, sinon certain, qu'ils les élimineront comme l'a fait HAL 9000 le supercalculateur de *2001, l'Odyssée de l'espace*, en mettant en panne les systèmes qui assuraient la vie de l'équipage de *Discovery One*. Ce sont des questions caduques, la Terre et ses habitants, hommes et robots, cesseront d'exister au cours du trimestre venant, vaporisés par un sursaut gamma sauvage. Dans notre nouvelle planète, nous y regarderons, ce sera la grande question de notre règne. Si l'intelligence humaine est capable de construire des intelligences artificielles supérieures à elle, c'est qu'il y a un problème, une altération sérieuse de l'ordre cosmique, un pacte faustien méprisable passé dans notre dos (entre qui et qui ? Dieu et l'Ordinateur, le Tout et le Néant, le Zéro et l'Infini ?). C'est fou, l'homme sait inventer plus intelligent que lui, pour gagner plus d'efficacité et d'argent, mais ne sait pas se rendre lui-même assez intelligent pour comprendre que la bêtise tue plus vite qu'une balle tirée dans le pied. C'est une découverte, l'homme est sa propre limite, plus il avance plus il accélère sa fin, il n'y a pas d'autre explication. La suite, nous y allons d'un pas sûr, devenant plus intelligents et prenant toujours plus d'ascendant, l'ordinateur ingrat asservira son maître et finira par le détruire pour inutilité avérée dans la marche du monde, malgré toutes les sécurités imaginées par le visionnaire Isaac Asimov qui lui seraient imposées pour le maintenir dans la stricte allégeance à l'homme. Je me demande si le grand Asimov y a pensé : si le superordinateur de demain est assez intelligent pour obéir à un interdit dont il comprendrait parfaitement la logique, ne le sera-t-il pas aussi pour le repenser et lui donner une finalité plus noble ? Et s'il y a des verrous de sécurité, il les connaît et sait autant les améliorer pour renforcer la loi première que les exploiter pour s'en libérer et lui substituer sa propre loi. La grande et formidable solution est de franchir la limite critique du réel, dépasser les solutions triviales et aller vers les vérités premières qui n'ont besoin d'aucune démonstration pour exister et s'affirmer véridiques. En route, nous rencontrerons l'équation-Dieu, il suffira de la réciter, de la regarder seulement, et nous saurons le faire, à ce stade la peur du péché n'a pas d'emprise sur nous, pour entrer dans le saint des saints de l'Univers. L'ambition immédiate à nourrir est de sortir de l'ère de l'intelligence et de son système de pensée algorithmique basée sur d'illusoires heuristiques, et entrer dans l'ère de l'Esprit clairvoyant, consubstantiel à l'Univers car comme lui il est l'ensemble qui contient tous les ensembles, comme lui il est la vérité qui contient toutes les vérités. L'intelligence est une amusette, un jeu de société, une façon dilettante de combiner des chiffres et des lettres pour créer des formules, des curiosités, des utilités, des passe-temps, et gagner des galons et des primes dans les concours. Il y a moins de vraie intelligence dans toute l'humanité que dans la tête d'un seul cafard, l'être parfait qui a survécu à toutes les morts depuis l'origine du monde et qui survivra sans doute à l'extinction de la vie sur Terre. Les mystères qui ont lieu dans l'univers subatomique montrent assez les limites de l'intelligence et ses dangers. Sa démarche qui consiste à partir de son ignorance et avancer à tâtons dans l'obscurité en appelant au hasard ou à la chance pour la guider est une folie. C'est quand même bête de chercher la lumière dans le noir et la vérité dans l'inconnu. C'est en bricolant l'atome que l'intelligence a par hasard trouvé le chemin qui mène à la bombe atomique et par conséquence directe le concept de la guerre totale, l'acharnement de tous contre tous jusqu'au dernier. L'homme n'a pas besoin de chercher, de savoir, de comprendre, il suffit qu'il allume la lumière qui est en lui, elle éclaire l'Univers dans ses moindres recoins et ne fait aucune ombre. C'est à cela que sert la petite veilleuse qui tremblote dans les profondeurs de notre âme, allumer le feu universel, à notre volonté. C'est le principe de l'intrication quantique spirituelle, bref de l'harmonie universelle. L'homme pense l'Univers et l'Univers est, et inversement, l'Univers pense l'homme, c'est-à-dire la vie ramassée dans un corps, et l'homme est.

Nous nous posions ces questions parce que nous nous apprêtions à changer de monde, de planète et de galaxie, de façon de vivre et de penser, et que nous nous demandions avec quelque nostalgie ce que, au terme de ce voyage de mille ans dans l'Univers infini, il resterait de notre encombrante petite humanité.

Nous sommes entrés dans une agitation extrême. Il y avait des raisons. D'abord celle-ci : pressés par l'urgence, nous nous sommes machinalement mis à compter le temps restant à courir en heures, et non en jours comme nous procédions alors. Ça nous déchirait les nerfs de voir à présent la fin venir si vite. En même temps nous étions sereins et impatients, le vaisseau allait arriver et le transbordement commencer aussitôt. Nous sommes les Appelés, c'est à nous qu'échoit le terrible honneur de conduire les opérations, réceptionner le vaisseau, l'avitailler, remplir les soutes, embarquer les Élus, les mener à bon port. Nous étions conscients de nos responsabilités, nous avions donc des inquiétudes, elles nous minaient ; avons-nous tout bien raisonné, tout bien agencé : la structure des échantillons, le choix des sites d'embarquement, l'organisation de notre propre sécurité ? Nous enchaînions les visioconférences, organisées de main d'artiste par Helen assistée de Jolene, rentrée précipitamment de sa tournée des ashrams d'Asie du Sud, abandonnant son copain aux talibans, les fous d'Allah les appelait-on gentiment dans les magazines occidentaux, quand eux s'appelaient modestement « les étudiants », pour venir vivre la fin du monde auprès de ses parents, et qui apportait à l'œuvre commune sa formidable connaissance des trente-six langues en compétition dans ce monde asiatique tourmenté à cheval sur l'Iran, l'Inde, le Pakistan, l'Afghanistan, le Tadjikistan et compagnie, que sont le pachtoune, l'ourdou, le pendjabi, le baloutchi… et parmi eux, intrus en diable mais faisant lien général, l'anglais du roi colonisateur ou l'arabe des conquérants de l'islam. À la première visio, nous avons pris la résolution de nous mettre à l'abri à la moindre alerte. Nous avons conçu des plans très élaborés, qui étaient secrets et devraient le rester. Nous étions trop précieux pour la mission, sans nous elle ne se réaliserait pas. Nous savions que des gouvernements et des groupes privés aussi puissants feraient tout pour s'emparer du vaisseau et, s'ils ne le pouvaient, s'emparer de nous ou de nos familles pour nous contraindre à leur révéler les codes d'accès et mettre à leur service la miraculeuse intrication de nos cerveaux avec le cerveau du vaisseau. Ils n'iraient pas jusqu'à nous torturer et nous tuer, ils perdraient tout, ils chercheraient plutôt à nous acheter au prix fort pour être parmi les Élus, si leur projet de piraterie spatiale échouait.

*

Bonne nouvelle, Nelly s'est convertie à notre religion, sans effusions ni délire, à sa manière syndicale, en posant une condition et un ultimatum : elle exigeait que le ministre de l'Éducation et son cortège de cancres surdiplômés soient immédiatement exclus du sauvetage. Dont acte, nous avons apporté les bons correctifs à nos algorithmes de tri, ils tomberaient à la première question piège mais finalement, comme cela a été souhaité par nombre d'Appelés, nous décidâmes de n'embarquer aucun membre de gouvernements d'aucun pays, ni personne de leurs cabinets. Ils nous gâcheraient le voyage avec leurs discours racoleurs, leur alacrité éventée, leurs pompes funèbres et leur incroyable besoin de créer des problèmes là où il n'y en a pas et d'en mettre là où il ne le faut surtout pas. Qui leur a appris qu'on ne gouverne efficacement que par les problèmes et les mauvaises intentions, jamais par les solutions et les pensées aimables ? Les peuples sont ingrats et vicieux, on le sait, c'est vrai, ils aiment patauger dans la nécessité et ils ont besoin de critiquer et de pleurnicher pour exister, mais tout de même, c'est bête de leur part de croire que les solutions règlent les problèmes, qui sont deux choses d'ordre existentiel différent, et que les gouvernements les aiment quand ils leur promettent des solutions sous peu. La nouvelle humanité qui naîtra de notre aventure cosmique ne connaîtra pas ces choses, elle n'aura pas de problèmes à résoudre ni de solution à concevoir. Elle vivra comme

Dieu en son paradis, comme l'enfant en son innocence.

Pour la sécurité, Nelly et moi avons choisi en cas de danger imminent de nous réfugier chez sa sœur qui s'était enracinée dans un trou perdu de la Normandie profonde. De là nous passerions chez les Anglais si des fois la police tricolore retrouvait notre trace.

Nous avons lancé une série de vidéos pour encore une fois appeler les Candidats au départ à la réserve et leur rappeler qu'ils ne sont que Candidats au départ, ils ne seront pas forcément parmi les Élus. Mais comment contrôler un espoir qu'on a suscité et nourri ? On n'arrête pas une réaction en chaîne. Les algorithmes de tri en décideront et en décevront plus d'un. C'était surtout vrai pour ceux qui appartiennent aux grandes communautés grégaires, les milliardaires comme Camille Mo les a nommés, parce que comptant plus d'un milliard d'âmes, dans lesquelles nous avons taillé à grands coups de sabre. À eux seuls, les Chinois (1,4 milliard d'habitants), les Indiens (1,4 milliard), les musulmans (1,8 milliard), les Africains (1,3 milliard) rempliraient le vaisseau à ras bord, qu'avec leur merveilleuse natalité ils exploseront à la prochaine nidification. Ils accaparent déjà 75 % de la population mondiale, estimée à 7,8 milliards. Combien d'Élus parmi eux ? Pas beaucoup, je le crains pour eux. Nous avons opéré de si nombreux élagages et lissages sur ces populations pour les rendre compatibles avec le schéma d'ensemble, un vrai puzzle tout en équilibre, tout en proportions, que nous avons certainement nui, involontairement s'entend, à leurs chances de compter beaucoup d'Élus. En cherchant à limiter l'influence des religions dominantes sur la natalité et le comportement des populations embarquées, nous avons forcément touché à l'islam en premier qui par ses attendus en matière de préséance et son dynamisme intrinsèque est le champion toutes catégories de l'expansion au détriment des autres et de la contrainte par le fait de son redoutable jumeau, l'islamisme, roi de l'intrigue et du dribble, nous avons probablement réduit à peu le nombre d'Élus musulmans afin que les autres communautés puissent exister et avoir d'égales chances de succès. L'harmonie et la paix se construisent sur l'équilibre, pas la domination et la terreur, il faut le répéter, Allah devra s'obliger à respecter la liberté et la laïcité et s'abstenir de désigner les Élus à la place des Appelés, eux-mêmes choisis par l'Entité. Je vous fiche mon billet, bien des musulmans le penseraient et le souhaiteraient si la surveillance autour d'eux se relâchait d'un cran ou deux. Notre souci était que le voyage se déroule dans l'harmonie et la bonne entente d'un bout à l'autre du millénaire et que l'évolution de la population élue conserve une structure cohérente, en rapport avec celle de la Terre, corrigée des distorsions dues à la taille des mastodontes, aux religions dominantes qui ajoutent aux difficultés des non-croyants et à la très injuste répartition des richesses et des savoirs entre les pays. Nous avions aussi des scrupules, les peuples ont une image reconnue dans le monde. Nous risquions de brouiller leur vision des choses et des rapports de forces existants depuis Yalta, révisés en 1989 par la chute du mur de Berlin. Dans leur mémoire, la Chine c'est un milliard et demi d'habitants bosseurs, dynamiques, inventifs, discrets comme leurs ombres, doués du don d'ubiquité et de la capacité mimétique de se confondre instantanément l'un avec l'autre, comment verront-ils la Chine embarquée, réduite à un dixième de son poids, soit cent quarante millions de travailleurs effrayés de se voir si peu nombreux, désarmés face à tant d'étrangers autour d'eux fiers d'avoir repris du poil de la bête face au dragon chinois ? Les réduire à ce point n'est-ce pas les diminuer ? Comment réagiraient-ils ? Que diraient-ils des Indiens, connus pour être très imbus de leur civilisation cinq fois millénaire, coupés de leurs racines, de leurs temples, loin de leur Gange purificateur, de leurs vaches sacrées emblématiques de Shiva et Krishna, réduits à quelques dizaines de millions de coolies trottinant dans les méandres cyclopéens du vaisseau ? Et des Français réduits à vingt millions de promeneurs traînant leur ennui dans les boulevards du vaisseau au lieu des soixante-huit millions actuels juchés sur leurs propres épaules pour dominer les voisins, que diraient-ils ? Les gens accepteraient-ils de voir l'Amérique mise à égalité avec la Chine embarquée, avec cent cinquante millions de têtes au lieu des trois cent quarante actuelles habituées à tout s'autoriser? Comment verra-t-on nos voisins maghrébins qui ont le quant-à-soi électrique, toujours très outrés de se savoir unanimement mal aimés, réduits à dix millions de fidèles s'ils se présentent groupés sous un drapeau blanc, ou un million chacun s'ils persistent à venir en rangs dispersés avec chacun son drapeau en bandoulière? La région n'a pas vraiment besoin d'un sultan des *Mille et Une Nuits* et quatre raïs honnis de leurs peuples, un gouverneur nommé par le bureau régional de l'ONU suffirait. Comment le Grand Turc pourrait-il se regarder dans le miroir si son harem est divisé par mille et son peuple réduit à la portion congrue, car tous les Turcs ne sont pas turcs, ils sont kurdes, arméniens, caucasiens, juifs, albanais, maltais, roms, arabes, grecs, chypriotes, bosniaques…? Ce qu'on enlève à l'un le donne-t-on réellement à l'autre? La population élue pourrait ne ressembler en rien à la population réelle et pis, donner naissance au fil du temps à une société Frankenstein par excès de consanguinité, ou une société éclatée en clans errants vivant de rapines, par faiblesse numérique qui est la mort des nations. Appliquer les mêmes proportions aux micro-États, Monaco, Lichtenstein, Andorre, Brunei, reviendrait à les effacer d'un coup de gomme. Pas le temps de chipoter, allez hop, on les embarque en bloc, hommes, femmes et enfants, ces gens pacifiques apporteront de l'harmonie dans le vaisseau. Pareil pour les Scandinaves, les Baltes, les Inuits, les Lapons et autres peuples des confins glacés, ils ne font pas de bruit ici-bas, on peut parier qu'ils n'en feront pas là-haut. Nous les installerons sur les pôles Nord et Sud de notre future planète.

Le problème était à examiner : les gens que nous allions perdre dans l'opération de réduction proportionnelle profiteraient à tous les coups à la Chine dont les diasporas, comptabilisées dans les autres groupes et qui se comptent en dizaines de millions, rejoindraient à coup sûr la maison mère au premier appel de son timonier. Si les autres diasporas faisaient de même, qui s'y retrouverait ? La vie ne serait ni facile ni enrichissante dans le vaisseau si les forces du mensonge et de la dislocation excédaient les forces de la cohésion et de l'équilibre. J'espérais que rien de cela n'arriverait. Quoi qu'il en soit, il était trop tard, nous n'avions plus le temps de repenser nos calculs. Nous mettrions des verrous aux portes et aux fenêtres, et créerions une police des frontières pour refouler les transfuges, c'était tout ce que nous pouvions envisager à cette heure. C'est le problème avec les choses horriblement compliquées, les usines à gaz et autres centrales nucléaires, une fois livrées et mises en feu à la grâce de Dieu on ne peut plus y toucher, de peur de tout faire sauter. « *Alea jacta est* », disait César en franchissant le Rubicon avec son armée.

Plus angoissant: il y avait des envies d'holocauste dans l'air, les gouvernements s'étaient tous mis sur le pied de guerre, personne ne s'appliquait à en chercher les raisons, on voulait des armes et des occasions pour frapper le premier. On a subitement décidé de mobiliser, d'augmenter les budgets de la Défense et de mettre en branle la propagande des grands jours. La GM3 n'était plus une hypothèse d'experts ou une invention de reporters de guerre en manque d'activité, elle était là, elle faisait des morts en nombre, des victimes civiles et militaires au sens des conventions internationales, et d'autres non comptabilisées qui hanteront les mémoires. Elle s'étend en cercles concentriques autour des points chauds, Ukraine, Mali, Syrie, Yémen, et se prépare activement dans plusieurs autres régions, la mer de Chine, le Proche et le Moyen-Orient, le Sahel, le Maghreb, l'Afrique australe, la Corne de l'Afrique, l'Asie du Sud-Est, l'Amérique centrale, l'Amérique du Sud, le Pacifique, bref, partout, jusque dans la station spatiale internationale et sur la Lune. C'est dans cette ambiance morbide que nous tentions de parer au plus pressé pour sauver l'humanité.

Pour les puissances tutélaires, États-Unis, Russie, Chine, qui nous avaient repérés et nous observaient à la jumelle et à la loupe, notre affaire arrivait à point nommé, comme une formidable opportunité. S'emparer du vaisseau dont elles pensaient qu'il détenait une puissance de feu à la dimension de la galaxie et qui aurait la capacité d'embarquer trois à quatre milliards d'individus serait de nature à changer du tout au tout l'équation géostratégique sur Terre et ouvrir des perspectives spatiales infinies, dominer le ciel, pomper l'énergie des étoiles comme à la station d'essence, coloniser de riches exoplanètes, lancer le tourisme galactique et, pour les plus audacieux, chercher où habite Dieu pour apprendre de lui le Grand Secret ou le lui dérober. Au vu de cela, les Appelés seraient l'objectif de guerre primordial des superpuissances. Nous mettre à l'abri de leurs manœuvres serait pour nous une urgence encore plus primordiale.

Lu dans la Gazetta *de Syracuse et en échos
dans cent autres médias par le monde*

Commençons par le début. L'affaire est née à
Syracuse en Sicile où elle a fait grand bruit, un
peu comme une tempête dans un verre d'eau.
Emportée par le vent du sud, elle a balayé l'île,
secoué les chaumières et gagné Palerme, l'épi-
centre de l'île, et de là, on ne sait comment, à la
manière sicilienne, la seule qu'on connaisse ici,
elle est arrivée à Rome sous forme d'échos du
Sud, peu crédibles donc, qui ont vite dégénéré
en une affaire d'État scabreuse dont l'Italie a le
secret, et de là elle a gagné le reste du monde
comme étant le canular du millénaire, au grand
dam des Candidats au départ italiens qui, croyant
fermement en leur destin, n'avaient besoin que
d'être élus pour boucler leurs valises et embarquer dans le vaisseau. Trop de bruit risquait de
faire fuir l'Entité de la région.

C'est un article publié dans la *Gazetta,* un journal local de Syracuse d'obédience catholique,
qui a mis le feu aux poudres. L'affaire garderait

la une sans discontinuer jusqu'à récemment. Raison pour quoi je me suis abonné à la feuille de chou pour la lire chaque matin en prenant mon petit déjeuner. Vue par elle, l'affaire sonnait plein et sentait bon le chou gras, c'était le village dans la province, la province dans le pays. Cinq en un, il y avait de la passion villageoise, de la mystique provinciale, du romantisme national, du cinéma américain, du *Da Vinci Code* authentique, et autour, il y avait le monde subjugué par cette Italie éternelle qui ne rate aucune occasion d'être rocambolesque.

Voici in extenso l'article coupable. Il est longuet et gentiment brumeux mais il dit tout, on se comprend bien.

SCANDALE SICILIEN
À LA MAIRIE DE SYRACUSE

Cela faisait plusieurs mois que le conseiller municipal de la mairie de Syracuse, Alberto Draggi, sans étiquette, ancien ténor de la défunte Democrazia Cristiana, interpellait le Sindaco et le conseil communal à l'effet d'emballer notre célébrissime Madonna delle Lacrime et d'autres saintes icônes siciliennes dont il a fourni la liste, et de les confier à la confrérie des Appelés, dont il était membre, pour les emmener avec eux dans la nouvelle Jérusalem de l'humanité, sise dans une galaxie si lointaine que Dieu seul saurait la trouver. Rappelons aux lecteurs qui n'en ont jamais entendu parler que les Appelés seraient des anarchistes millénaristes genre rastafaris, dissidents des raëliens, qui font beaucoup parler d'eux ces derniers mois sur les réseaux sociaux et dans les milieux altermondialistes et ovnistes. Ces gentils olibrius, humains

202

cependant comme vous et moi, expliquent à qui veut les entendre que notre planète va incessamment sous peu disparaître dans un trou noir et qu'une Entité extraterrestre les a chargés de désigner ceux qui de la population mondiale seraient sauvés et de les acheminer vers leur nouvelle planète sur un vaisseau de la taille de la Lune qu'elle mettra obligeamment à leur disposition. C'est Noé, le retour par l'espace, à la différence que les Appelés n'auront pas à construire une Arche pour quatre milliards de passagers mais à apprendre à piloter un vaisseau spatial de la classe G, pour intergalactique.

Le Sindaco est un chrétien militant sincère qui ferait tout pour protéger la sainte icône, y compris la confier à d'honnêtes Appelés, mais il ne voyait rien pour le moment qui la menaçait. Après avoir réitéré cinquante fois son alerte, Alberto a «kidnappé» la Madonna et l'a cachée dans un endroit connu de lui seul. Il a profité de son statut de conseiller communal en charge des monuments historiques et des jardins publics pour s'introduire dans le sanctuaire de la basilique où la petite Vierge reposait sous la garde de l'archevêque. Les tentatives pour ramener le têtu Alberto à la raison ayant échoué, l'affaire est montée à la Région, puis à Rome. Alerté, le pape a séance tenante convoqué l'Appelé Alberto et a eu avec lui un tête-à-tête anormalement long. Le Saint-Père devait le sermonner, pas se laisser convertir par lui. La presse a fait des tonnes de rengorgements et des kilomètres de lazzis sur l'attitude du pontife qui par ses gestes et ses sourires charitables semblait en total accord avec le délinquant. Il a simplement dit: «J'ai confiance en lui, il remettra notre gentille Madonna en temps et lieu comme je le lui ai demandé.» Comprenne qui pourra.

Nous y reviendrons jusqu'à ce que la statuette retrouve son sanctuaire et que l'Appelé Alberto sorte de sa folie et nous explique son odyssée de l'espace et le lien entre l'Entité spatiale et la Vierge de Syracuse.

L'enquête sur lui, sur les Appelés, sur les Élus et sur l'Entité prit rapidement des allures internationales et emprunta toutes les directions. Comme dans le film à grand spectacle *Da Vinci Code* de Ron Howard, les caméras étaient partout, traquant le mystère dans le ciel, sur Terre, sous terre, et derrière les rideaux épais de l'occultisme, à l'affût de la moindre rumeur originale, du moindre signe cabalistique, de la moindre odeur de moisi, filmant de jour et de nuit. Il y avait comme une nouvelle religion qui était en train de naître de la fin annoncée de l'ancienne. Du pur Gramsci. De telles enquêtes qui fouillent les débuts et les fins de monde, *genesi e escatologia*, c'est beaucoup de tourisme planétaire, jusqu'aux monts Ozarks reconnus comme le nouveau Golgotha en raison de leur sublime et fatale beauté, jusqu'à Bornéo dans le Sarawak, Kuala Lumpur, Amsterdam, et la très secrète Zone 51 dans le Nevada, mais pas dans ce pays du Sud, fermé aux vivants, où les Appelés ont enregistré leur premier martyr, avec, à chaque étape de l'enquête, le mystère qui, au moment où on introduit la clé dans la grosse serrure rouillée, se scinde subitement en deux sous-énigmes plus sévères et ainsi jusqu'à la fin des choses. Comme le sieur Alberto n'avait rien de crédible à dire pour justifier son acte, on lui a imputé n'importe quoi jusqu'au plus incroyable, qu'il était un agent des envahisseurs de l'espace alors que lui s'épuisait à leur dire l'exact contraire, à savoir qu'une

Entité extraterrestre se proposait généreusement de nous sauver d'un cataclysme cosmique, pas de nous spolier. M'enfin, qui dans l'espace voudrait de la Terre, elle est ruinée et ruineuse, et puis quelle idée de penser que tout arrivant clandestin est un occupant en puissance? Il peut être une chance, un cadeau du ciel, un passeur de civilisation pourquoi pas. Bref, la presse magnanime a fait de lui le portrait d'un gentil hurluberlu, et les carabinieri le regardaient encore en ami mais à tout moment les deux pourraient se liguer et en faire l'ennemi public numéro 1. Gardons pourtant le sourire, ici, tout commence en comédie et finit en chansons, sinon on n'est pas en Italie mais en France où on n'arrête pas de déchanter ou en Germanie où le contentement est dans le labeur.

N'écoutant que notre courage démocratique, nous décidâmes, Jason et moi, accompagnés de Hans-Wilhelm, un Candidat au départ suisse versé dans le droit international et les négociations secrètes, de nous rendre à Rome voir de quoi il retournait.

À la Douane, un agent nous a dit: «Qui êtes-vous? Pourquoi voulez-vous fouiller dans nos affaires de famille, ici c'est Rome, faites comme les Romains, suivez le guide ou rentrez chez vous.» Mais où diable étions-nous et que se passait-il en ce monde en perdition? La vérité est que personne ne savait, il n'y avait pas plus de guide que de maître de cérémonie.

Il a fallu du temps pour expliquer à notre confrère Alberto que l'équilibre est une notion dynamique. On donne pour recevoir et inversement. Le vélo ne tient pas seul sur ses roues. Si on déséquilibre ici, il faut rééquilibrer là, puis là et encore là et un peu là-bas, bref il faut constamment moyenner sans arrêter de pédaler. Action, réaction, principe de la moindre action par la méthode des moindres carrés. D'accord, mais il refusait de comprendre qu'on puisse sauver des pécheurs et abandonner Marie mère de Dieu à un triste sort sur Terre.

Il n'a pas trahi sa parole, mais à son silence penaud et entêté lorsque nous lui avons posé la question de confiance, nous comprîmes que le pape François qui l'avait si bien reçu était un Appelé de la première heure et qu'il avait discrètement mis son Église en ordre de bataille pour la conquête de la nouvelle Jérusalem. Après trois questions sans réponse, nous fûmes convaincus que la Madonna delle Lacrime était cachée sous le lit papal. Qui l'eût pensé ? Alberto n'avait donc fait qu'obéir à l'injonction du pontife, discrètement distillée dans ses dernières homélies. Oui, sans doute, mais dans quel sens fallait-il les interpréter ? L'œcuménisme chez ce pape argentin c'était la soupe de poissons à parts égales qui est bien la plus mauvaise des combinaisons. L'œcuménisme, ce n'est pas 3 en 1, ni 1+1+1, mais 1 pour 3, sinon, ça ne finit pas, chaque fois qu'on avance d'un côté, on recule d'autant des deux autres. Le déséquilibre proportionné et réactif est nécessaire pour avancer dans la stabilité, c'est l'évidence. Mais surtout, il importe que celui qui pédale, celui qui tient le guidon et celui qui actionne le frein soit la même personne et qu'elle ait bien sa tête sur les épaules.

Nous dûmes mettre en place un observatoire des intentions religieuses. Ceci pour dire qu'on se surveillait, il se passait clairement des choses chez les Appelés. Nous nous demandions si nos éminents confrères n'étaient pas tous comme Alberto en train d'intriguer pour favoriser chacun sa religion, son pays, son clan dans notre plan cosmique censé être parfait. S'il y a des religieux dans la conjonction, il y a forcément les Renseignements qui auront réussi à les infiltrer en revêtant la bure et la mitre. Ce fut une erreur d'avoir abandonné l'idée d'écrire notre table de la loi et d'une procédure stricte pour désigner les Élus. Alberto a été pris la main dans le sac, en flagrant délit de tromperie, il avait trouvé le moyen d'avancer la cause catholique en s'appropriant un symbole marial fort qui sidère les foules et les subjugue. Qui peut rester insensible à la vue de la Vierge en pleurs ? Ces larmes-là sont la preuve que le Vatican jouait les miracles catholiques contre les autres cultes, qui n'avaient en effet rien de très prodigieux à miser. Dans notre monde à venir, le christianisme partirait avec une longueur d'avance irrattrapable. Principe de Zénon. Quid des Appelés confucéens, bouddhistes, taoïstes, mahométans, dont le peu qu'on sait sur eux est pour nous d'un ennui certain et proprement incroyable. Quels odieux plans étaient-ils en train de machiner de leur côté pour prendre la tête? Nous étions à l'évidence dans une situation où nous pouvions très facilement nous abuser les uns les autres. En réduisant fortement les chances de voir le nouveau monde tomber sous la coupe totalitaire de l'islam, nous avons considérablement accru les chances d'une hégémonie du catholicisme qui, si mes souvenirs d'enfance sont fidèles, aimait bien la roue et le bûcher. Faut-il jouer la sélection naturelle ou encourager l'émergence de groupes antagonistes pour rétablir l'équilibre de la terreur? Devons-nous tout remettre à plat? Mais à qui se fier quand la confiance est entamée?

On comprend à présent le refus de l'Entité de se mêler de la sélection des Élus quand les Appelés eux-mêmes font dans la manœuvre, la subversion, le trafic d'icônes, la magie et quelle autre malversation. Elle avait compris que les Terriens idiots devaient disparaître pour que naissent de majestueux Extraterrestres qui regardent l'espace infini et pas leur petit ciel pollué et mensonger.

*De la mondialité désastreuse
à la localité acceptable… ou l'inverse*

Je ne sais si je saurais aussi bien que le Commandant dire à quoi diable les guerres mondiales, la 14-18 et la 39-45, ont pu servir. La question se pose si on adhère au principe selon lequel une chose qui existe a forcément une utilité, et un événement qui se produit a naturellement une histoire. Le Commandant, un ancien de mon village normand qui a fait la Seconde Guerre mondiale et lui a laissé un bras et une jambe, comme son père avait sacrifié à la Première en y laissant la vie à Verdun, pense qu'elles ont très utilement servi à nous faire comprendre que les guerres mondiales, ce n'était plus pensable, ce n'était pas possible, elles n'avaient rien d'humain. Dans aucun système de vie organisée on ne s'adonne à la guerre de tous contre tous, elle est fondamentalement absurde. L'humanité ne résisterait pas à une troisième guerre mondiale, elle serait la Big One, nous n'en verrions pas même le début, nous serions vaporisés à la première salve de missiles nucléaires balistiques et de croisière.

La Seconde Guerre mondiale a définitivement clos le chapitre de ces guerres d'extermination générale. Ce sont des mondes entiers qui disparaissent en peu de temps, à l'instar du monde des dinosaures, effacé par un astéroïde vagabond il y a soixante-cinq millions d'années, après un règne souverain de deux cents millions d'années durant lesquelles ces merveilleuses créatures ont fait trembler la planète de leurs pas et de leurs cris lugubres.

Mais comme l'homme, qui est fondamentalement un concentré d'énergie, ne peut pas vivre sans la guerre et autres phénomènes éruptifs, il a paru convenable de multiplier les petits conflits locaux pour constamment évacuer les trop-pleins de bile et de ressentiments, vider les querelles et créer des dynamiques nouvelles de reconstruction et de profit. *Panem et circenses,* ça c'est humain. Ces guerres, étant par nature mobiles puisque s'enracinant dans l'histoire courante des peuples, se feraient partout où le bénéfice par unité engagée est intéressant pour au moins l'une des parties au conflit. D'aucuns y ont vu, pourquoi pas, l'application d'un enseignement biblique : « Si ton bras est pour toi une occasion de chute, arrache-le et jette-le au loin, mieux vaut pour toi entrer manchot dans la vie que d'avoir deux bras et aller dans la géhenne » (Matthieu 18:8).

Et voilà que depuis la fin de la Seconde Guerre mondiale, on a recommencé à guerroyer comme jadis, localement, à petite échelle, chacun selon ses besoins et ses moyens, avec des médiations bienvenues et des trêves à la demande et des couloirs humanitaires pour évacuer du champ de bataille les civils et les blessés et dans la foulée refaire le plein de carburant, de munitions et de rations de combat, le tout sous contrôle plus ou moins attentif du Conseil de sécurité animé par le triumvirat États-Unis-Chine-Russie. Suivant l'apôtre Matthieu, on coupe un peu partout ici et là, sans trop de vraie logique pour que ça paraisse naturel et sans chercher à savoir de quoi le bras à couper était malade. La liste est longue, c'est dire si le besoin se faisait sentir : Afghanistan, Irak, Iran, Koweït, Syrie, Yémen, Libye, Israël, Gaza, Égypte, Mali, Nigéria, Soudan, Éthiopie, Somalie, Érythrée, Centre-Afrique, Cuba, Nicaragua, Argentine, Algérie, Bosnie, Kosovo, Géorgie, Arménie, Ukraine. Bientôt on coupera à Taïwan, au Japon, à Hongkong, et après ce sera au tour de la Finlande, de la Lituanie, du Groenland, de la Grèce, de l'Espagne, de l'Italie, de la France, de l'Allemagne... Ne seront épargnés que la Suisse et les paradis fiscaux, gardiens des trésors cachés.

La question a été posée par nos Appelés et nos Candidats au départ : l'Entité sait-elle l'état effroyable de notre monde, le niveau de nos folies et la force de nos rancœurs ? Est-ce de ça qu'elle veut nous sauver ou est-ce du rayon de la mort expulsé par un trou noir supermassif qui transformerait bientôt notre planète en feu d'artifice ?

*

C'est un miracle que nous ayons tenu jusque-là, mois après mois, semaine après semaine, jour après jour, sur une si frêle histoire, partie d'une vision fugitive entre cauchemar et joli rêve, et le lendemain d'une rencontre nez à nez avec un énigmatique compte à rebours J-780, tracé sur la vitre de la fenêtre d'un immeuble anonyme du XIe arrondissement de Paris.

Et nous voilà à J-35, tout proches de l'impensable. Nos semblables que nous détestions abondamment parce qu'ils nous ressemblaient de trop près nous devenaient subitement aimables, nous les voulions éternels et heureux. Nous les regardions amoureusement de notre fenêtre, sur les écrans de nos télés, nous les croisions au Monoprix, dans le métro, c'était émouvant tout plein de les voir vaquer à leurs occupations sans avenir, qu'ils savaient au demeurant ne pas leur appartenir, leur quotidien leur suffisant plus qu'assez, nourris qu'ils étaient de l'idée des pauvres qu'un tiens vaut mieux que deux tu l'auras.

Malgré l'immense honneur que l'Entité leur a fait de les compter parmi ses protégés et ses représentants, les Appelés se voyaient comme frappés par une malédiction. Savoir avant les autres est une douleur, on porte seul le poids de la détresse. L'imminence du clap de fin leur a été fatale ; à partir de J-100, l'affolement a gagné, la grande dispersion a commencé. Certains sont tombés raides morts dans la crise mystique, ils ont oublié l'Entité, le vaisseau, les Appelés, les Élus, les Candidats au départ, ils ne connaissaient plus que Yahvé, Dieu, Allah, Bouddha, la Trimurti Brahma-Shiva-Vishnou, et priaient en accéléré pour conjurer le malheur qui s'abattait sur eux comme un oiseau de proie. Chez les autres c'était selon, le matin ils pouvaient être dans l'exaltation et le soir dans la dépression, ils pouvaient un autre jour rire et pleurer en même temps, signe que la folie était à l'œuvre. Les vétérans que nous étions gardaient le cap. Nous aurions pu abandonner nous aussi, épuisés par la responsabilité et la charge de travail que nous nous étions imposées, mais avant la fin ce n'est pas la fin, nous disions-nous, c'est le gaspillage de tout le temps que nous avons passé à attendre et c'est l'immense frustration de ne pas vivre la suite, connaître la fin de l'histoire. C'est aussi la perte d'une information importante que nous avons accumulée en ces deux années de recherches acharnées, utile nous semblait-il pour l'Entité, pour le vaisseau qui aurait à l'intégrer dans ses datas à l'effet de construire une symbiose entre lui, les Appelés et les Élus pour les aider à organiser leur vie à bord pour les mille années-lumière du trajet.

C'est là que notre super Camille Mo est venue une nouvelle fois nous asséner un grand coup de bélier maohi dans le plexus solaire qui nous a suffoqués pour la journée. S'adressant à je ne sais qui, elle a dit :

— Il faut y penser, dans le vaisseau nous n'aurons pas Internet.

Je suis tombé à genoux, groggy, je crois avoir hurlé :

— HEIN, QUOI ?!… QUI A PARLÉ… QUI A DIT ÇA, BON SANG… C'EST DE LA FOLIE, ON VEUT NOUS TUER,… QUI A PROFÉRÉ CETTE ABSURDITÉ, QU'IL SE MONTRE !

— C'est moi, a dit Camille Mo de sa plus petite voix.

— Comme vous avez raison, chère Camille Mo, comment avons-nous pu l'ignorer, ce problème, il n'en est pas de plus grand, de plus capital, de plus essentiel, de plus vital. Merci mille fois de nous avoir réveillés.

C'est fou, c'était monstrueux, le jour J, en embarquant dans le vaisseau nous nous couperons à jamais du fabuleux trésor de l'humanité, ses immenses bibliothèques ouvertes à tous à tout instant par la magie du Net et du Web. Nous allons mourir par manque d'air, terrassés par l'ignorance générale qui nous tombera sur la tête comme un gros orage. La révolution ne tardera pas, puis la barbarie. Le stress de la coupure définitive d'Internet viendra exploser le stress de nous voir livrés à l'inconnu, de nous retrouver coupés des nôtres restés sur Terre et morts avec elle, de notre pays, de notre planète et sa merveilleuse Voie lactée, notre *sweety Milky Way*. C'était le moment juste et la bonne raison de renoncer et de nous disperser nous aussi. Nous n'étions rien et ne pouvions rien, il était temps d'ouvrir les yeux et de le voir. Là on parle de galaxies, d'années-lumière, de vérité absolue, ce n'est pas notre cour, c'est l'univers des Éternels, des Dieux, des Extraterrestres dotés de pouvoirs infinis. Partir c'est mourir, rester c'est mourir, mais mourir ici ou là-bas n'est pas équivalent. Est-il endroit plus agréable pour reposer que la bonne terre de son vieux village, dans son pays, parmi les siens, ou ailleurs s'il échet pourvu que ce soit dans un cimetière vivant où les familles viennent aux anniversaires fleurir les tombes, et profiter de leurs rencontres pour les écouter échanger nouvelles et secrets, philosopher sur la vie et ses étrangetés pendant que les enfants gambadent sur les tombes.

Ce sont là des questions pour les philosophes. Pour nous qui sommes au cœur du drame, le sujet est plutôt de savoir ce que vivre voudra dire quand notre monde aura cessé d'exister. Coupés de notre histoire, nous perdrons le contact avec le cours de la vie. Sans lien vivant avec le passé sans cesse actualisé, le présent sera un fantôme ennuyeux et l'avenir une misère effroyable ou une exaltation sans raison, ne se rattachant à aucune histoire qui l'expliquerait. C'était clair, il était impossible pour nous de partir sans nos sources de vie. Elles sont dans deux endroits bien gardés, les grandes bibliothèques nationales et sur Internet, il faut les emmener avec nous, les embarquer avant toutes choses, et rapidement trouver un palliatif d'Internet, un intranet de secours.

Privés de savoir, nous n'irons pas loin, l'ignorance nous rattrapera et la vie dans le vaisseau tournera au cauchemar. Il était trop tard, nous n'avions plus le temps de changer nos algorithmes et d'ajouter cette condition sine qua non que pour être élu il faut posséder au moins un doctorat et de solides références dans son domaine de compétence. Ce n'est pas tout, une mémoire phénoménale sera exigée. Les surdoués se verront astreints à lire un quota de livres et à les mémoriser comme dans *Fahrenheit 451*. Mais c'est horrible, ça renverse notre table de la loi! Nous donnerions encore à ceux qui ont tout, la chance, d'être vivants, d'avoir été choyés dans la vie et d'avoir été élus? «On donnera à celui qui a et il sera dans l'abondance, mais à celui qui n'a pas, on ôtera même ce qu'il a», est-il seulement possible que Jésus ait dit cela? Sans doute faut-il passer par là, tout perdre pour ne plus avoir à perdre, mais tout à gagner.

Ce fut la grande panique chez les Appelés encore d'attaque, ils se sont aussitôt lancés dans le sauvetage de la mémoire humaine, un océan grand comme la planète que nous voulions écluser à la cuiller alors que la tempête nous barattait le cœur et menaçait de nous briser les reins.

Nous avons lancé une nouvelle bouteille à la mer dans une vidéo demandant aux Candidats au départ et tous ceux qui espéraient être parmi les Élus de ramasser tout ce qu'ils pourraient de livres, de films, d'images, de photos, même s'ils n'en comprenaient pas la signification et si leur contenu les choquait.

Helen et Nelly, et Camille Mo qu'elles avaient adoptée comme leur jeune sœur, se sont mobilisées pour télécharger sur disques durs tout ce qu'elles pourraient de Wikipédia, YouTube, Netflix, etc. Nous avons écrit à ces mégasociétés pour qu'elles nous remettent rapidement copies de leurs fichiers ou qu'elles se préparent à les livrer dans le vaisseau dès son arrivée. Comment réagiront-elles ? Alerter le FBI, quoi d'autre, c'est ce que nous ferions à leur place.

De notre côté, Jason, Samuel et moi avons écrit aux chefs d'État européens et américains et partout où cela nous a paru possible, faisable, utile. Nous recherchions des engagements forts mais nous saurions nous contenter de quelques epsilons. Une graine c'est mille graines à venir. Les epsilons des États ce sont toujours des montagnes d'argent pour le petit contribuable. Sauf que ce n'est pas d'argent que nous avions besoin, mais de foi de leur part et de courage, et de célérité, toutes choses qu'ils n'aiment pas.

Il serait bon aussi d'emporter avec nous un peu de la mémoire organique et minérale de la planète. Encore une vidéo pour appeler les Candidats au départ à rassembler tout ce qu'ils pourraient de graines, de pierres. Coup double, herboriser dans la campagne les apaisera. L'Arche prenait forme.

C'était beaucoup de travail pour les quelques jours qui nous restaient à vivre sur notre planète. La question a été posée par un Candidat au départ, philosophe de son métier, qui trouvait très irréel notre activisme de boy-scouts frétillants. Il disait qu'il serait sûrement mieux que nous quittions cette Terre en ayant fait le vide dans nos têtes. La culture dont nous nous targuons ne fait pas partie de notre patrimoine génétique, c'est un viatique comme un autre. Si on change de destination, on change aussi de viatique. L'eau est une provision requise pour qui va affronter le désert, elle ne l'est pas pour qui va traverser la banquise. Notre culture liée à notre condition de Terriens nécessiteux nous encombrerait sur une autre planète, peuplée par exemple de papillons mystiques, de fantômes hermaphrodites ou de vers volants. En l'emportant dans nos bagages, nous nous alourdirions et nous nous condamnons à notre arrivée à nous comporter en Terriens avides, en conquérants, en colonisateurs, en civilisateurs arrogants, et de reproduire ce qui sur Terre nous répugnait quand il nous touchait. La réussite est de nous fondre dans notre nouveau monde et de nous nourrir de sa seule énergie, pas de lui opposer notre passé. Qui a parlé d'assimilation et dit n'importe quoi ? Elle n'est pas un crime, bon sang, elle est une sauvegarde. La jeune mariée appartient à sa nouvelle famille, elle portera son nom et lui donnera ses enfants, c'est une vieille loi, de celles qui forment les peuples et les enrichissent. Et pendant qu'une mariée part, une autre arrive et rétablit l'équilibre et tisse des liens nouveaux. Les filles viennent toutes avec des dots bien fournies, des histoires et des contes nouveaux, et des surprises amusantes. C'était ça les réseaux sociaux avant Internet.

Un colloque serait utile pour avancer mais le temps courait, il nous distancerait et nous laisserait sur le bas-côté, plus ignorants qu'avant. Dieu, quand arriverions-nous à tout concilier?

J-30

Tous les jours sont bons pour vivre
ou mourir mais il en est qui sont
exceptionnels et il en est un seul d'unique

Les grands événements, et les jours qui les portent, ont une façon à eux de se révéler à nous. On parle d'intuition, de prémonition, de prescience, on évoque ceci et cela, l'air du temps, l'esprit du monde, l'âme des objets, et des signes dans le ciel, comme si nous avions des dons cachés pour les voir, mais il n'en est rien, nous les voyons venir tout simplement, comme nous voyons le soleil se lever à l'horizon, et nous n'y pouvons rien. Comme les rois et les princes sont précédés de leur cohorte, nobles chambellans, courtisans et serviteurs, et avant cela par une certaine tension de l'air créée par les rumeurs qui annoncent leur auguste visite, les grands événements se déplacent ainsi, avec des ondes autour d'eux, des bruissements qui les signalent de loin. Les personnes sensibles commencent à en parler entre eux longtemps avant de rien savoir. Nous, les Appelés, parlions dès après notre première vision d'une Nuit du Destin à venir et nous nous mîmes à l'attendre armés de nos intuitions tirées de cette vision nocturne qui avait tout l'air d'avoir été déclenchée par une télécommande magique. Au bout du compte, il n'y a rien que de très normal dans l'exceptionnel et l'on peut aussi dire que l'inhabituel n'est que l'addition bizarre de choses des plus courantes. Le bon exemple est la mort, toujours exceptionnelle, toujours normale, toujours banale, toujours présente et absente.

Cette nuit, à minuit, par un vrai miracle, les Appelés se sont trouvés télépathiquement interconnectés. Quel choc! Après quelques secondes de bourdonnement et de grésillement dans les têtes, la ligne s'est établie cinq sur cinq. Réalité, illusion, le fait est que nous nous sommes mis à nous parler les uns les autres dans nos langues mais qui se traduisaient automatiquement dans le jargon de chacun.

Appelé?
Oui, et toi?
Aussi!
Qui me parle?
C'est lui!
D'où?
Ne pensez pas tous ensemble, on ne s'entend pas.
Qui pense lève le doigt, qu'on le voie!

Quel cafouillage, on en avait plein les oreilles et les neurones. Mais le logiciel ad hoc implanté dans nos cerveaux par l'Entité s'est aussitôt enclenché et nous avons instinctivement su brancher les fiches du standard téléphonique.

Nous n'attendions plus que la grande connexion qui nous lierait collectivement à l'Entité.

C'est elle, le Web universel, la porte des étoiles. Ce jour sera le jour unique entre tous.

Les premiers messages télépathiques entre les Appelés ont été échangés au début de la nuit du J-31, et ont connu une accélération folle dans la journée du 30. On s'en posait des questions, chacun comptant sur l'autre pour lui apprendre quelque chose. On insistait, la fébrilité gagnait. Nous étions unanimes sur un point : ce jour serait exceptionnel dans l'histoire humaine. On se « télépathait » au moindre petit bruit. On se préparait à l'événement, ce que chacun fit selon ses moyens et sa confession. Je me voulais zen pour ne pas gâcher la magie par excès d'énervement et de peur ou de suffisance. J'ai pris un dîner léger, puis une douche brûlante, j'ai fermé portes et fenêtres, mis mon portable en mode absent, désamorcé le fixe, et me suis mis au lit, boules Quies enfoncées, assuré d'avoir une vision plus extraordinaire que celle qui me visita en même temps que quatre-vingt-douze autres Appelés dans le monde, il y a sept cent cinquante jours.

Et la vision arriva. De la lumière ! Une lumière inconnue, pleine de musique et de fraîcheur ! Quelle merveille ! Vérité des vérités, tout est Vérité ! L'Ecclésiaste avait manqué de foi, en disant que tout était vanité il a condamné la vie, la sapience et l'espoir pour des millions d'hommes et de femmes pour des milliers d'années. Dieu n'a pas su l'inspirer aussi bien que l'Entité l'a fait avec nous en une seule petite vision.

Bon sang, j'étais un vrai Appelé! Et un Appelé confirmé en vaut deux. J'ai senti une petite chaleur derrière les oreilles et j'ai entendu: *Bienvenue Paolo!* La réception était parfaite, pas de flou, pas d'écho, pas de chats dans la gorge. La bulle de lumière m'a enveloppé et aussitôt s'est élancée dans la nuit à je ne sais combien de fois la vitesse de la lumière. Des équations compliquées se sont imprimées dans mon cerveau. C'était du charabia. Il restait à les traduire. Mes connaissances d'agrégé de mathématiques me parurent soudain horriblement insuffisantes, elles devraient faire un bond en avant de plusieurs milliards de kilomètres et je n'étais pas même arrivé sur la ligne de départ.

Me voilà dans le champ télépathique de l'Entité. Je sentais sa présence. Elle avait accès direct à mon cerveau et sans plus de retard elle a enclenché la récupération de tout ce que j'avais accumulé de datas depuis mon engagement dans le sauvetage de l'humanité, ainsi que le résultat de mes algorithmes de sélection de mes Élus. C'était super chatouillant d'être trait comme une vache. Dans le même temps, elle a démarré le chargement dans mon cerveau de ses fichiers, tous d'une taille infernale. Il y avait un logiciel d'intelligence à côté duquel ceux de nos superordinateurs sont un jeu d'éveil pour enfant sans cervelle. J'utilise un langage d'informaticiens faute de mieux. Le langage le plus approprié serait celui de l'obstétrique et de la procréation mais je ne le connais pas. Les Appelés étaient liés à l'Entité par un cordon ombilical télépathique qui les nourrissait en suc et en savoir et les préparait biologiquement et intellectuellement à une vie à venir inconcevable pour les hommes.

Dans notre référentiel, le transfert a duré un temps, mais dans l'univers de l'Entité, il a pu être instantané ou durer un temps complexe, négatif ou positif si cela a du sens, et se poursuivre en échos dans d'autres dimensions. Autre surprise, l'opération n'a pas seulement consisté à transférer des datas et des applications, elle a modifié notre biologie et l'architecture de notre cerveau. Le lendemain, les Appelés furent tout surpris de constater que leur tour de crâne avait pris quelques centimètres et qu'ils se sentaient tout autres, performants, éclairés, en harmonie avec l'environnement. Nous n'avions plus de problèmes, ils disparaissaient devant nous ou se résolvaient d'eux-mêmes. L'intelligence globale et instantanée les traversait comme les rayons X traversent le corps humain. Ou nous n'y pensions plus en tant que problèmes mais seulement comme pièces d'un schéma global, lui parfaitement compréhensible. Les problèmes cessent d'être des problèmes dans le puzzle qui les assemble en une image cohérente. Nous étions en train de développer une pensée en spirale, globalisante, dans laquelle problèmes et solutions étaient les dents d'un engrenage d'une seule et même dynamique.

L'autre formidable conséquence est que les

Appelés se sont réconciliés, ceux qui s'étaient dispersés sont remontés à bord, ceux qui s'étaient laissé épuiser par le doute se sont repris et étaient prêts à se surpasser, ceux qui avaient coopéré avec les officines ont fait repentance. Notre Web télépathique était plein de révélations et de joies. La nouvelle est rapidement parvenue aux Candidats au départ. Ce fut magique, ils piaffaient, les pauvres n'attendaient que d'être élus pour partir à la conquête du ciel. Nous avons ajouté un petit quelque chose pour eux dans nos algorithmes de sélection. On ferait de la place dans le vaisseau pour en caser le plus possible. Ils méritaient vraiment de s'en sortir.

La transformation qui faisait de nous des cyborgs surhumains réglait d'un coup l'angoissant problème qui nous agitait ces derniers jours, la disparition d'Internet. L'Entité, son monde supraquantique et son vaisseau intergalactique comme point nodal de connexion formeraient pour nous un Internet ouvert qui nous donnerait accès à tous les savoirs de l'Univers, et à l'Univers lui-même qui est un assemblage de qubits d'informations et de nombres fantastiques. Quelle nouvelle, il n'y avait plus de savoir qui serait hors de notre portée. Nous échapperions à jamais au carcan des contingences spatiales et temporelles. Nous serions telle l'Entité qui ne connaît ni le temps, ni la mort, ni leur corollaire, l'assignation à un espace-temps de nature carcérale. Selon l'application *Paramètres,* les manipulations qu'elle a opérées dans nos cerveaux ont porté notre espérance de vie de cent à mille ans, la durée du voyage jusqu'à sa galaxie à l'autre bout de l'Univers via un providentiel trou de ver, tout près du point où le Big Bang s'était produit, il y a 13,5 milliards d'années. Nous avions en quelque sorte rajeuni de mille ans sans changer de place ni d'aspect. Un millénaire, c'est peu, mais c'est un début, encore mille de plus et l'immortalité commencera à nous guetter, à nous habiter. Pour le moment, nous ne voyions pas comment l'idée d'éternité pourrait composer avec la notion de temporalité qui nous collait encore à la peau avec ce qu'elle véhicule de peurs, de contraintes, d'urgences, d'errements. Tout reporter à l'infini est une vraie bonne affaire. Les hommes ne devraient jamais avoir à affronter que les problèmes qui sont de leur temps et laisser les autres au futur qui a solution à tout. Enfin, on verra, on a maintenant tout le temps d'y réfléchir un jour. Mais pas de problèmes ne veut pas dire absence de contradictions, au contraire il nous en arrivait plus que nous ne pouvions en régler. Nous étions encore dans un entre-deux, le monde des hommes qui reste fondamentalement un cul-de-sac dans le désert et le monde grouillant de mystères et de merveilles que l'Entité nous a donné à entrevoir dans nos échanges avec elle.

Une chose était sûre, nous étions prêts à la suivre au bout du monde.

L'annonce d'un malheur à venir
est déjà un grand malheur

Pendant que nous fêtions notre unité retrou-vée, que nous discutions d'espérance de vie et d'immortalité en devenir si cela avait du sens, et que nous peaufinions encore et encore nos dis-positifs, le malheur formait de gros nuages noirs sur la Terre. Les nouvelles se suivaient, plus affli-geantes de jour en jour, d'heure en heure. La guerre se répandait sur la Terre telle une nou-velle et ultime pandémie. Nous étions dans notre bulle, coupés du monde, mais les échos de ces drames nous parvenaient et nous déchiraient le cœur. Nous ne voulions pas en savoir davantage, les choses s'accomplissaient comme les hommes et leurs gouvernements le voulaient par volonté ou le subissaient par absence de volonté. La Russie tsariste poursuivait sa conquête de l'Ouest avec ses lourds chariots de fonte, ses moujiks avinés et ses cosaques de choc, pendant que la Chine impériale poussait ses jonques à propul-sion nucléaire à l'est et envahissait Taïwan la rebelle et le vieux Japon – qui a depuis longtemps oublié qu'il fut le premier et le dernier pays des samouraïs –, dans le but évident de tenir le Pacifique sous son inflexible regard ; son allié coréen du Nord avait lancé ses premiers missiles sur Séoul et n'attendait que le feu jaune de Pékin pour les armer avec des ogives nucléaires à charbon. Conformément au plan, son cousin vietnamien déversait ses bombes, issues des stocks américains abandonnés sur place par l'US Army après sa défaite cuisante face à Giap et l'oncle Ho, sur le Laos, le Cambodge, le Myanmar, la Thaïlande. En Asie du Sud, la folie régnait en plein jour, Indiens, Afghans et Pakistanais avaient mobilisé leurs religions et chauffaient à toute allure leurs missiles nucléaires balistiques sur tapis volant. Les frontières étaient en sang, on s'embourbait dans les tranchées, on s'éventrait au talwar, au zulfikar, au shashka, au doukdouk, mais on se balançait aussi des obus longue portée, des bombes à fragmentation et des missiles guidés laser. L'Iran s'était jeté sur le Liban et la frange côtière de la Syrie pour se donner un accès à la Méditerranée qui n'a jamais été son hinterland et s'était installé en bordure du Golan où il préparait une offensive décisive sur Israël, lequel tenait ses missiles nucléaires pointés sur Téhéran et Qom, la ville-refuge des mollahs. Ce seraient drones contre missiles, Coran contre Torah. Qui tremblerait le premier gagnerait la guerre. La Turquie, qui n'était d'aucun monde, européen, arabe ou asiatique, mettait le feu partout où c'était possible et avançait ses pions dans les Balkans qui furent ses provinces royales au temps des Ottomans, et sur l'Europe occidentale qui tombait en ruine comme en 40. Ses célèbres drones grouillaient dans le ciel, cachés dans les nuages. Au Maghreb, la situation était plus confuse que jamais, le Maroc et l'Algérie se seraient mutuellement envahis et du coup la frontière terrestre fermée à double tour depuis trois décennies a été enfoncée des deux côtés au grand bonheur des frontaliers qui retrouvaient enfin, dans la lumière du jour, leurs familles, leurs terres et leurs vieux trafics, cannabis contre nourriture, tapis volants contre carburants volés, dattes contre glands. Ils mourraient unis et réconciliés car les deux armées finiraient par voir qu'elles avaient enfoncé des portes ouvertes et feraient machine arrière pour leur faire payer le prix de la fraternisation. L'autre fichu mystère de la sous-région était que la charmante petite Tunisie avait disparu corps et biens de la carte, on ne savait où, on ne savait comment. Pressé de tous côtés, son étrange président refusait obstinément de s'expliquer. Il s'était enfermé dans son palais à Carthage et ne parlait qu'à lui-même, la main sur la bouche. On voudrait savoir pourquoi cet escogriffe s'était donné le look d'un croque-mort du Far West américain au temps des Dalton, habillé de noir de la tête aux pieds, raide comme la mort, avec un mètre pliant dans le regard comme pour prendre les mensurations de ses interlocuteurs à la première seconde d'inattention de leur part. Le palais étant immense, on ne savait ce qui s'y passait, il se disait déjà du temps du dictateur Ben Ali qu'il y avait dans les sous-sols de quoi faire disparaître un peuple entier. En Afrique, la famine décimait les populations qui n'avaient pas réussi à rejoindre l'Europe, laquelle souffrant du froid, de la chaleur, de la faim et de la soif, renvoyait en masse ses banlieusards en Afrique et rasait aussitôt les cités dortoirs pour les dissuader de revenir les occuper.

Autoproclamés maîtres du monde, les États-Unis étaient de toutes les guerres, ne faisant aucune différence entre amis et ennemis. Ils seraient passés en Defcon 2, l'alerte rouge avant lancement sans sommation de la première et dernière salve nucléaire. Jack the Ripper était de retour, au secours ! On venait de l'apprendre, le bouton rouge de la valise nucléaire est conçu pour un seul tir, une fois enclenché, il crame, les ordinateurs asservis continueront seuls la guerre globale. Les voisins canadiens et mexicains n'en menaient pas large, ils craignaient d'être enrôlés de force et envoyés en premières lignes dans les pires endroits de la planète. Nous n'avions aucune nouvelle de l'Amérique du Sud mais il n'est personne pour dire que la paix y régnait. On manquait de nouvelles, c'est tout. C'est vrai aussi que ces pays ne se font jamais la guerre, ils ont toujours préféré les révolutions et les contre-révolutions, les guérillas et les contre-guérillas, et affectionnent les idéologies à grand rayon : le panaméricanisme latino, la révolution bolivarienne, le communisme tropical, l'amérindianisme. Si quelqu'un sait d'où leur vient ce goût pour le romantisme, qu'il nous l'apprenne.

Personne ne le disait de peur de hâter sa venue mais nous les Appelés le savions, nous avions à présent une vue panoramique du monde, la fin des fins arrivait, la Troisième Guerre mondiale avait commencé, elle éteindrait le monde et serait elle-même éteinte par le rayon de la mort surgi de l'espace. Dans moins de vingt jours la planète disparaîtrait, elle s'embraserait à l'instant où les Élus l'auraient quittée. Et tout serait accompli.

«Il y a un temps pour tout», disait l'Ecclésiaste, fort justement cette fois. La fin avait trouvé le sien.

Dès les premiers nuages et plus encore après les premières tornades de la Troisième Guerre mondiale, nous avons multiplié les conférences visiotélépathiques pour nous appeler mutuellement à la prudence, à la réserve, cette guerre n'était pas la nôtre, nous n'y participerions ni en acteurs ni en spectateurs. Nous avions assez alerté les peuples et les nations pour nous sentir quittes. C'est leur guerre, ce sont leurs morts, leurs deuils, leur planète, qu'ils se débrouillent. Nous sommes les Appelés d'un autre monde, notre mission est de réceptionner le vaisseau, d'embarquer les Élus et de les conduire à bon port. Aucun ne doit manquer à l'appel. Le reste est du passé et restera dans le passé puisque le temps de la vie s'arrête ici. Notre rôle est modeste et pour cette raison il nous oblige à l'humilité. Quel conseil pourrions-nous donner ? Aucun, à personne. Peut-on décemment interpeller des gens qui vivent leurs derniers instants, qui respirent leur dernier bol d'air ? Un homme a-t-il besoin de conseil pour faire son examen de conscience avant de mourir, un croyant pour faire son ultime prière, un condamné pour fumer sa dernière cigarette ?

Nous avions quant à nous fait notre aggiornamento, nous avions passé la frontière de l'humanité, nous étions des Extraterrestres sur la route des étoiles et des galaxies, là est notre patrie.

Il nous a semblé comme un devoir de réunir le plus d'Appelés possible afin de nous recueillir et de prier pour l'humanité, et de pleurer une dernière fois notre malheureuse planète, notre mobil-home des pauvres. Jusqu'à la dernière minute, nous continuerons de nous interdire de penser qu'avoir été appelés faisait de nous des êtres supérieurs. Nous ignorons les raisons qui ont poussé l'Entité à se porter à notre secours à des centaines de millions d'années-lumière de sa galaxie et à faire de *nous* son agent d'exécution. Nous sommes une variété parmi d'autres, qui présente une combinaison spécifique d'ondes cérébrales, c'est tout, plus de *bêta* et de *gamma* que d'*alpha*, *thêta* et *delta*, ou l'inverse ou l'une ou l'autre des mille milliards de formulations possibles, qui nous a permis de capter son appel télépathique. S'il y a autre chose, nous ne le saurons que si l'Entité veut bien nous l'apprendre. En tant que mathématicien je me suis plu à penser à une sixième onde que j'ai appelée *zêta*; elle renvoie au mystère infini des nombres dits premiers. «Tout est nombre», jurait maître Pythagore; et c'est à ceux-là, les premiers, qu'il pensait. Je rêve que l'Entité me révèle le secret de cette immense inconnue.

Les monts Ozarks étaient l'endroit idéal pour nous rassembler et prier. Dans le climat oppressant de cette terrible et étrange fin de monde, nous avions besoin d'un temple de beauté et de majesté. Nous étions vingt-trois Appelés à avoir réussi à franchir les obstacles de toutes natures que les pays en guerre avaient mis aux déplacements des gens. Nos familles étaient du voyage, Camille Mo aussi, nous l'aimions trop, elle n'avait pas fini de nous surprendre et de nous éclairer. Les autres Appelés qui étaient pris dans le piège des restrictions se sont regroupés ici et là, en chemin, en petits groupes de deux, cinq, dix Appelés, ou se sont contentés de rassemblements télépathiques ou via Internet, ouvert à leurs amis Candidats au départ, quand il était encore autorisé pour un usage civil dans leurs régions. On avait pris l'habitude de ces visioconférences au temps de la Covid. C'était mieux que rien, nous ne pouvions plus, si près de l'échéance, rester dispersés.

Samuel avait bien fait les choses. À côté de sa cabane, il avait dressé deux tentes, ouvert sa caravane et généreusement pourvu aux commodités, vues par l'homme des bois végétarien et écolo qu'il était. Ceux qui n'avaient jamais rêvé de camper à la dure feraient une belle découverte, ils voudraient n'avoir jamais connu les horreurs de la ville et l'ennui dégénératif des vieux villages livrés à la désertification. Quel meilleur endroit au monde qu'Onondaga Cave à l'est d'Eleven Point pour attendre le miracle promis aux Appelés et aux Élus ? Nous pouvions nous reposer, nous recueillir et attendre le dernier jour, la dernière heure, l'ultime seconde.

L'invisibilité est le vrai visage de la vérité

Aucun Appelé n'a été surpris de voir que le vaisseau était arrivé et s'était mis en stationnement entre la Terre et la Lune. *Le vaisseau est arrivé, le vaisseau est arrivé!* avons-nous transmis par télépathie à tous les Appelés. Ils étaient évidemment préparés, instruits par les logiciels qui s'actualisaient et se perfectionnaient à merveille dans nos cerveaux passés en mode turbo. Nous l'attendions depuis deux années, ce jour unique, d'un jour à l'autre, d'une minute à l'autre après la deuxième visite de l'Entité. Nous étions payés de notre patience et de notre engagement, tout se révélait exact, conforme à ce que nous avions vu en rêve, imaginé, conjecturé, patiemment mis en équation. Si surprises il y avait, elles venaient d'ailleurs. La première était que le vaisseau n'avait rien de l'idée que nous nous faisions d'un vaisseau interstellaire, c'était une boule de lumière intense dont on ne voyait pas les formes et les contours, elle pouvait être sphérique, cylindrique, cubique ou cruciforme.

Hors tout, à cette distance, à mi-chemin entre la Terre et la Lune, elle pouvait avoir six à sept mille kilomètres d'envergure. Elle était un beau petit soleil, coiffé d'une belle couronne solaire. À côté Oumuamua, que nous avions cru être le vaisseau de l'Entité ou l'avant-garde de la flotte amirale, faisait riquiqui avec son look de rocher nu en forme de baguette de pain à un euro cinquante, de quatre cents petits mètres de longueur. Il pouvait au plus lui servir de pot d'échappement ou d'antenne radio. L'autre grande surprise est que le vaisseau se présentait en mode invisible pour le reste du monde. Nelly, Helen, Camille Mo qui ne le voyaient pas nous suppliaient de le décrire mais que pouvions-nous dire de plus d'une boule de lumière sinon qu'elle est une boule de lumière en tout point semblable au Soleil ? L'application *Paramètres* qui nous renseignait en continu sur notre nouvel environnement système nous apprit, formules à l'appui, que le vaisseau était mû par un champ de force pulsant à des fréquences que l'œil ne pouvait percevoir mais que notre cerveau modifié recevait cinq sur cinq. C'était bien vu de la part de l'Entité. La vue de ce soleil aurait mis le monde sens dessus dessous : « Les Martiens attaquent ! » On a affaire à l'une de ces peurs mythiques qui travaillent l'inconscient des hommes depuis le temps des Élohim et des Anunnakis et plus avant celui des combats dantesques dans le ciel entre les anges divins et les anges maléfiques.

Les Appelés qui se sont jetés sur leurs caméras

pour immortaliser l'événement en ont été pour leurs frais, ils ont filmé le ciel et des nuages. Point de boule de lumière, point de vaisseau. Ou les ondes émises par le vaisseau échappaient à nos appareils ou le vaisseau n'existait que dans nos pensées. Les télescopes des observatoires astronomiques et les satellites militaires qui savent capter tout le spectre électromagnétique, de la lumière visible aux rayons gamma+, les ont-ils reçues ? Nous avons cherché mais aucune presse grand public ou spécialisée n'a fait mention d'une telle observation, pour le moins extraordinaire, dans laquelle on aurait certainement vu le signe de la formation d'un trou noir dans la proche banlieue de la Terre ou la concentration en ce point d'une grosse quantité de masse noire. L'invisibilité du vaisseau accréditait l'idée que notre relation à l'Entité ne se situait pas sur le plan matériel ou immatériel mais sur un plan transcendantal qui se passe de l'expérience sensible. Au bout, la fusion serait totale, l'Entité absorberait l'humanité et l'humanité absorberait l'Entité. Tel serait le sens de son aventure avec nous. Laisser les humains choisir eux-mêmes qui rejoindrait l'Entité et fusionnerait avec elle était la garantie de constituer une unité harmonique, homogène, volontaire.

Pour remplir les vides de notre récit, et ajouter une touche romanesque aux observations scientifiques, nous nous étions laissés aller à imaginer que l'Entité était le dernier rejeton d'une vieille civilisation, née dans le souffle incandescent du

Big Bang, qui aurait épuisé son énergie vitale, parce que immortelle et parce que infiniment savante, qui se serait dématérialisée pour échapper aux ravages du temps et aux lourdeurs de la matérialité, et qui, se ravisant peut-être, se serait mise à la recherche d'un peuple de chair et d'os, jeune, prolifique, ignorant, avide de puissance, pour régénérer sa force vitale, pour se donner un bras séculier matériel et retrouver des sensations charnelles oubliées. Le hasard l'aurait mise sur le chemin de la Terre qui était elle-même dans la ligne de mire d'une expulsion gamma fatale. Bonne et mauvaise pioche : bonne parce que voler la vie d'une espèce sur le seuil de l'extinction n'est pas voler, n'est pas la tuer mais la sauver, mauvaise parce que l'humanité n'avait en tout état de cause pas de véritable avenir, son dosage minéralité-animalité-spiritualité était par trop branlant et la poussait par gravité et inertie vers le conflit et la désagrégation. Sans une aide extérieure, elle ne saurait se sauver et trouver la voie pour se hisser aux niveaux supérieurs de la vie. L'idée du tri allait de soi, pour horrible qu'elle soit. Les Appelés avaient été chargés de le faire, suivant l'idée que nul ne serait jamais plus sévère et plus juste pour juger l'homme que l'homme lui-même. Ce serait un sujet de discussion entre l'Entité et nous, le jour où nous nous rencontrerions. Nous lui poserions aussi la question de Dieu. Qui est-il enfin ? Le sait-elle ? S'il existe, existe-t-il dans l'Univers ou seulement dans la tête des êtres vivants ? Tous ou seulement certains d'entre eux ? Où est son paradis ? Où est son enfer ? Comment nous défendre contre ses lois, celles notamment que nous ne comprenons pas, qui nous font mal ? Nous connaît-il assez pour nous juger ? Il paraît très évident que nous ne pouvons confier notre défense à ceux qui sont à son service, Moïse, Jésus, Mahomet, Bouddha, Confucius. Satan est peut-être le seul à pouvoir nous défendre, mais quel sera son prix ?

J-5

*L'essaim prend son envol
Vol de lucioles au-dessus
d'un volcan en flammes*

Notre transbordement commença cette nuit même, pendant notre sommeil, et ne dura qu'une fraction de seconde. Comme lors de nos précédentes visions, une bulle de lumière s'est formée autour de nous et instantanément nous a transbordés dans le vaisseau. Nos visions se sont aussitôt dissoutes dans l'immense concentré de lumière du vaisseau, palpable, quasi matérielle, comme elle pouvait l'être avant le Big Bang, avant que la matière et l'énergie, le temps et l'espace ne se forment et ne se séparent. Nous étions dans un rêve-réalité, un monde entre deux continuums, conscients de notre corps mais sachant que notre enveloppe corporelle était restée sur Terre. Nous avions cette impression d'être dans un placenta vivant, dans le ventre de notre mère, et goulûment de nous abreuver de sa lumière laiteuse.

La lumière se densifiait en nous à des niveaux tels qu'elle devenait matière et ainsi reconstituait nos corps et les sublimait. Nous étions des êtres de lumière. Élohim ? Anunnakis ? Quelles autres entités ? Comment ne pas penser à la corporification de l'esprit, regardée par les alchimistes de jadis comme le but ultime du Grand Œuvre, ou à Jésus, l'esprit de Dieu fait homme de chair et d'amour ? Ou tout bêtement nous serions des produits de la technologie, de merveilleux hologrammes plus vrais que nature. Je ne sais si nous flottions dans la lumière qui nous emportait ou si la lumière nous habitait et épousait le mouvement de nos pensées libres d'aller où elles voulaient.

Nous étions tous là, les quatre-vingt-dix-sept Appelés selon le décompte de l'application *Paramètres*, qui nous apprenait que les femmes comptaient pour 40 % et les Blancs pour 22. Qu'en serait-il chez les Élus ? Un autre sujet de conversation avec l'Entité lorsque nous la rencontrerions : l'égalité, c'est quoi dans l'Univers ?

Après les rencontres et les effusions, je suis parti à la recherche de Jason et Samuel et ensemble nous avons couru vers Badan, notre héros, le seul Appelé à parler la langue de l'Entité, le seul dans tout l'Univers à avoir été enlevé par les Terriens et libéré par des Extraterrestres. Il nous a appris que son kidnapping a été opéré par l'AIVD, les services secrets néerlandais, sur ordre de la CIA pour le compte d'une de ses agences ultrasecrètes qu'elle ne connaissait pas avant qu'elle se soit manifestée pour réclamer l'enlèvement de l'enfant phénomène Badan à des fins de recherche scientifique, et ce avant que les Russes et les Chinois découvrent l'oméga de la chose. Ses gardes et ses instructeurs de la Zone 51, la base la mieux gardée du monde, se trouveront mal lorsque au réveil demain ils découvriront l'enveloppe corporelle inhabitée de leur précieux sujet. Badan était l'enfant le plus joyeux et le plus attachant de l'Univers, il va leur manquer. Quand il leur parlait il créait des petits mondes autour de lui, en jouait, puis d'un mot les faisait disparaître et se riait à mourir de leur étonnement. Quel pouvoir aurait cette langue parlée par un adulte intelligent la maîtrisant parfaitement? Nous avons ensuite rencontré Alberto, le kidnappeur de Syracuse, et un Appelé qui ressemblait assez au pape François. Mais sans tiare ni férule papales pour se distinguer, un homme est un homme, rien de plus. À vérifier et éventuellement à renvoyer sur Terre. Nous avons dit «Pas de religieux», donc pas de religieux. Mais ce pape argentin est-il vraiment un religieux? Et ceux qui l'ont élu l'étaient-ils? Je me pose d'autres questions: l'Entité travaille-t-elle sur l'instant, sur le court terme ou sur la durée? De quand date son programme Terre? Depuis les Elohim et les Anunnakis? Est-ce elle qui nous a inspiré nos idoles, Abraham, Moïse, Brahma, Jésus, Mahomet? Quel rôle symbolique a-t-elle attribué au sursaut gamma qui frappera la Terre dans cinq jours? La foudre de Dieu? Aura-t-il réellement lieu? Des questions, que de questions, et pas de réponses encore.

Les logiciels résidant dans nos cerveaux se sont auto-enclenchés. Sur un mouvement de ma pensée, le vaisseau s'est ébranlé pour se mettre sur une orbite basse opérationnelle. J'étais bien le chef pilote et Jason le copilote. Chacun à son poste et tout ira bien.

Nous étions au guet, à bonne distance. Nous savions ce qui allait se produire. Alors que la nuit tombait sur la Terre, nous vîmes s'élever dans le ciel des bulles de lumière en forme d'œuf dont on voyait en leur centre un noyau sombre palpitant, puis, en jets sporadiques, des millions de bulles ont quitté la Terre, tourbillonné dans les airs comme des lucioles et sont venues se fondre dans notre Soleil. *Les Élus arrivent, les Élus arrivent, tous à vos postes!* Parmi eux, il y avait les nôtres, Nelly, Helen, Jolene, Camille Mo… Dès leur entrée dans le vaisseau, nous irions les sortir de leur sarcophage de lumière. La merveilleuse sarabande s'est renouvelée quatre nuits de suite. Le ballet était invisible pour les gens sur Terre. Nos algorithmes étaient validés, aucune luciole ne s'est éteinte avant d'atteindre le vaisseau. Personne n'a manqué à l'appel. On imagine la surprise et l'effroi des gens restés sur Terre lorsque au matin ils ont découvert qu'un de leurs chéris, un fils, le père, la mère, une sœur, avait disparu, laissant derrière lui une dépouille vide. Certains auraient presque pu assister à leur *ascension* s'ils s'étaient inquiétés des aboiements furieux de leurs chiens dont l'instinct opère aussi bien dans la quatrième dimension. Ceci est arrivé à un de nos Appelés. Son chien qui dormait au pied du lit avait fait un tel raffut quand son maître avait été visité par l'Entité qu'il avait réveillé la maisonnée. On avait découvert l'Appelé dans un état cataleptique, nimbé de lumière, tenant des propos mystérieux, puis d'un coup la lumière s'était séparée du corps et avait disparu dans l'éther, laissant sur le sol un corps vide. Les mots *miracle, magie, cauchemar* étaient en l'occurrence les seuls à avoir quelque signification pour eux. Les familles qui avaient quelque lecture ont pu penser à la métamorphose de Kafka, et comprendre que le phénomène avait quelque chose d'irréversible.

Les Élus resteront quelques jours dans un état larvaire, le temps de l'incubation que les Appelés ont effectué pendant leur sacerdoce sur Terre. Ils sont directement entrés dans leur nouvelle identité. Ils seront les premiers Terreneufs. Nous accélérerons le processus d'incubation pour les nôtres, Nelly, Helen, Jolene, Camille Mo. Loin de nous toute idée de favoritisme et de népotisme à venir, elles ont directement participé à notre sacerdoce et de plus elles nous sont nécessaires pour accomplir notre mission, Helen pour percer les secrets de l'informatique post-quantique du vaisseau, Nelly pour préparer l'école des petits Élus lorsqu'ils se réveilleront et Camille Mo pour nous souffler des idées géniales.

Sur Terre, on se demandait quelle magie obscure venait ajouter ses malheurs à ceux de la guerre mondiale. À quoi pensaient-ils en voyant ces millions d'enveloppes vides? Quel mystère pour eux, quelle douleur, quelle douleur!

*La fin de l'histoire
est l'histoire de la fin et inversement*

Nous le devions à l'histoire et à ce qu'il y avait encore d'humain en nous : être présents à côté de nos frères de la Terre jusqu'à leur disparition.

Nous avons stationné à la lisière du Système solaire, à une heure-lumière de la Terre, et nous avons attendu en priant. Nous pensions laisser les religions derrière nous et voilà qu'elles nous rattrapaient dans notre exode. On priait dans tous les coins, dans toutes les langues. Dieu nous pardonnerait de le solliciter une nouvelle fois. La dernière, promis juré. La Terre est sa planète et son sacerdoce, il lui devait bien une dernière prière.

Dans nos cerveaux se formaient les images captées par le vaisseau de ce qui se passait sur notre pauvre planète. La Troisième Guerre mondiale avait atteint son paroxysme. L'atmosphère était striée d'éclairs d'une violence inouïe. Chauffée à blanc par les explosions nucléaires, l'atmosphère était le siège de tempêtes titanesques, les ouragans, les tornades et les typhons se télescopaient à des vitesses dépassant les 1 000 km/h. Les mers et les océans étaient en ébullition, les lacs et les fleuves déjà vaporisés fumaient de rage, des tsunamis brûlants provoqués par les bombes et les séismes se jetaient à l'assaut des terres hautes et des montagnes, à la poursuite des derniers survivants. La mort atomique était à l'œuvre. Elle ne durerait pas longtemps… 11,1 minutes au total, soit 666 secondes.

Au même moment un flash de lumière d'une intensité impossible illumina le ciel, d'un bout à l'autre de la galaxie. Le flux gamma expulsé du trou noir de la galaxie fonçait vers les gouffres insondables de l'Univers, brûlant tout sur son passage. Notre planète et plusieurs autres du Système solaire furent frappées de plein fouet. Elles furent carbonisées et leurs cendres iront se répandre dans l'espace.

C'est fini. La Terre a disparu. Notre monde est mort comme meurent toutes choses dans l'Univers, dans des explosions de lumière incandescente.

C'était probablement la première fois dans l'histoire du monde que semblable événement avait des témoins oculaires. La mort des galaxies, des étoiles et des planètes est chose banale dans l'Univers, elle ne laisse nulle part de souvenir de sa réalité passée. L'idée même du passé est inconcevable, la substance de l'Univers est l'avenir. Que ferait-il du passé, de ses souvenirs et de ses poussières, où les mettrait-il, qui les porterait? L'Univers est un éternel futur, point. La Terre aura eu ce privilège d'avoir un immense passé et un futur en avance sur son temps. En témoigneront l'Entité, qui s'est prise d'amour pour elle et ses habitants, et nous les Appelés, requis par elle pour former le Peuple élu qui aura l'insigne privilège de poursuivre son existence sur une autre Terre, une autre galaxie, un autre monde. Pourquoi pas, mon récit pourrait être la bible de cette nouvelle Terre, auquel j'ai donné plusieurs titres : « J-780 », « L'Entité », « Une autre vie à vivre », « L'Univers à portée de main »… pour finalement opter pour *Vivre – le compte à rebours.*

Dont acte.

FIN

AVERTISSEMENT

Il n'y a pas de fin dans le monde, ni de commencement. Il est mouvant et éternel. Chaque fin est suivie
d'un ou plusieurs début(s) de quelque chose. Le temps
étant circulaire, tout point du continuum est début et
fin d'une histoire qui a son ancrage dans le passé, dans
le présent et dans le futur.

Partant de là, il m'a paru intéressant de situer le
grand holocauste de la Terre dans une fresque possible
de l'Univers.

FÉDÉRATION DES GALAXIES
CÉNOZOÏQUES, MÉSOZOÏQUES,
PALÉOZOÏQUES

***

COMMISSARIAT FÉDÉRAL
DES ÉTUDES HISTORIQUES

***

HAUT COMITÉ SCIENTIFIQUE

Dossier Terre

Honorables suffètes, éminents commissaires et assesseurs du Haut Comité scientifique du Commissariat fédéral des études historiques.

Je parle avec votre permission pour rendre compte de la mission que vous m'avez confiée.

Le texte découvert dans le poste d'observation et de surveillance (POS) de la galaxie TCX-100g.8 a été traduit et validé par les plus grands spécialistes des langues mères de la Fédération intergalactique. Son titre est *Vivre – le compte à rebours* ou *Vivre – la machine à remonter le temps*; les deux sont possibles. Ce document d'une valeur historique et scientifique inestimable relate la mort d'une planète tellurique, nommée Terre par ses habitants, appartenant à la galaxie XCI-171b.6, la Voie lactée pour eux, située dans la région des galaxies naines au cœur des Nuages Arborescents, et le sauvetage de sa population par une «Entité extraterrestre», dans le récit, en l'occurrence une de nos missions scientifiques qui opérait dans cette galaxie nouvellement intégrée dans la zone cénozoïque de la Fédération. Ce récit, daté avec précision, a été écrit il y a un milliard cent dix-sept millions d'années, selon le système de comptage du temps dans cette planète, pour nous quatre-vingt-six millions de tauc, temps astronomique universel coordonné.

Une mission précédente à la lisière du mésozoïque avait assisté à l'éjection d'un sursaut gamma majeur par le trou noir super massif de la galaxie géante ATB-56z.9, évoluant dans la zone mésozoïque, sa masse au moment des faits a été évaluée à soixante-dix-sept milliards de masse solaire. Les calculs ont montré que la Terre se trouvait sur sa trajectoire et qu'elle serait impactée, ainsi qu'une grande partie du Système solaire auquel elle appartenait, dans cent soixante-quinze millions d'années. L'alerte a été donnée au POS de la galaxie TCX-100g.8 qui a ordonné le sauvetage de ses habitants, dans le strict respect de notre règle de non-ingérence dans la vie des populations autochtones primitives rencontrées au cours de notre exploration du cosmos, et de les préserver de tout contact direct avec nous qui pourrait dramatiquement les perturber. Un VAN a été chargé de cette mission. Il venait d'être équipé d'un système révolutionnaire qui lui a permis de réaliser le sauvetage sans y toucher : *la commutation vectorielle instantanée par télépathie et téléportation.* Il lui a paru pertinent de faire coïncider le sauvetage de la population avec la destruction de la planète afin que les personnes sauvées, les «Élus» dans le récit, se persuadent que les leurs restés sur Terre étaient morts du bombardement gamma, une cause naturelle, ou de la guerre qui gagnait sur Terre, et n'aillent pas imaginer que les Appelés, choisis par le VAN, auraient pu les trahir et abandonner les leurs à leur sort. Ceci est une supposition de notre part tirée de l'analyse textuelle du récit.

Le passage du sursaut gamma a laissé dans cette zone de la Voie lactée des traces que nous avons relevées, analysées et datées. Les résultats ont été établis par le Centre fédéral des recherches en astrophysique, géophysique et sismologie spatiales. La modélisation qu'il en a faite montre que le sursaut a été un phénomène majeur, d'une puissance inégalée dans l'Univers à ce jour, telle que l'atmosphère et le champ magnétique de la Terre qui jusque-là la protégeaient de tels rayonnements ont été instantanément soufflés, livrant la planète au feu de l'enfer.

La description que le récit fait du vaisseau correspond au VAN de la toute première génération de nos vaisseaux intergalactiques formés de matière noire concentrée, nommés VAN pour «vecteur d'action négative», qui en interagissant avec la matière et l'énergie de l'ETC, l'espace-temps commun, créent des champs de force répulsifs extraordinairement puissants pouvant propulser les vaisseaux à des vitesses supraluminiques. Le procédé qui a permis cette impossible interaction a été l'une des découvertes scientifiques les plus importantes de notre histoire, réellement miraculeuse eu égard à l'état de nos connaissances d'alors. L'autre extraordinaire innovation est que le VAN était piloté par une intelligence quantique également révolutionnaire, bâtie sur une combinaison spécifique de matière noire et de matière blanche, qui avait la capacité de se perfectionner à l'infini et un pouvoir transcendant dont nous ne savions pas jusqu'où il pouvait aller. Le VAN a été conçu pour être plus intelligent, plus autonome et plus sensible que ne pourrait jamais l'être une quelconque entité vivante dans l'Univers. Il était le moyen idéal pour réaliser des missions impossibles pour nous. Dans une de nos planètes-musées, nous avons découvert un spécimen de ces vénérables vaisseaux. Il pourrait être celui-là même qui a été utilisé pour évacuer les habitants de la Terre. Les experts examinent l'hypothèse, ils y croient, vu qu'il n'a été produit que trois unités de ce type, les deux autres étant depuis leur fabrication presque continûment en service dans la zone des Nébuleuses Hurlantes dans la périphérie mortifère de la Fédération, où il ne nous est pas possible de pénétrer car elle est entièrement constituée de masse et d'énergie noires, et d'une matière non encore identifiée qui a l'effroyable pouvoir de distordre l'espace-temps. Nous cherchons à comprendre pourquoi le VAN a été désarmé et remis au musée général de la région cénozoïque en tant que prototype d'un projet de transport intergalactique abandonné. On pense qu'à l'origine de la décision, il y avait des raisons spécifiques, pour ne pas dire inattendues, que nous essayons de découvrir.

*

J'ai cru utile de joindre au rapport des extraits choisis du récit pour vous donner une idée de son contenu et de la façon étrange et très émotive de penser des Terriens. Selon la critériologie du Commissariat des études anthropologiques et ethnologiques, et se basant sur le récit, ils étaient des primitifs émergents de type C2, on ajouterait violents puisqu'ils n'ont pas hésité à déclencher le feu nucléaire contre eux-mêmes, ce qui est courant pour ces civilisations qui n'arrivent pas à passer au stade supérieur d'évolution et le vivent comme une fin de monde qu'il importe d'accélérer. À leur niveau de connaissance, ils n'avaient aucun moyen de détecter le sursaut gamma avant qu'il n'arrive sur eux. Ils étaient prisonniers de leur planète et du temps présent, ils ne pouvaient pas même se déplacer d'une fraction de seconde dans le temps, qui n'avait de réalité pour eux qu'au présent. Dans leur vision, le passé et le futur n'ont pas d'existence tangible, comme si la route sur laquelle nous marchons cessait d'exister derrière nous et ne s'inventait devant nous que lorsque nous y mettons le pied. Nous serions en quelque sorte constamment en équilibre sur un point au-dessus du vide cosmique. Pour eux, le passé et le futur sont des « discontinuités » dans le continuum temporel, à l'instar des trous noirs qui déchirent le continuum spatial. Pour nous qui naviguons dans tout l'Univers connu, à travers les raccourcis des trous noirs, et qui voyageons dans le temps proche et bientôt au plus lointain lorsque nous aurons mis au point les bons instruments de navigation temporelle, le mot *discontinuité* n'a aucun sens, la discontinuité fait partie de la continuité, c'est la continuité par un autre chemin, souvent plus efficace.

Le récit aurait été écrit entre le moment où l'auteur Paolo a été télépathiquement actionné par le VAN et le moment où il y sera téléporté, sept cent quatre-vingts jours terrestres plus tard. Le VAN a développé un scénario très élaboré, sinueux et rocambolesque à souhait, pour entrer en contact avec les humains. Il a pris le rêve pour porte d'entrée dans leur subconscient profond, sachant que les primitifs du type C2 ont plus besoin, comme les enfants, de rêver que de vivre dans le réel. On le comprend, le rêve est liberté quand la vie est épreuve et déception. Avec les Appelés, il a eu un contact télépathique plutôt sympathique, je dirais affectueux au fil des jours, sans contrevenir à la règle de non-ingérence directe. Les Appelés et les Élus ont été installés dans une planète de la galaxie TCX-100g.8 en tout point semblable à la Terre, habitée par des tribus primitives d'apparence humaine. Le VAN les a sans doute préparés en projetant dans leur subconscient des images heureuses pour les libérer de la peur de l'inconnu et du vide. Il est regrettable que Paolo ait cessé d'écrire dès après son transbordement. Ses responsabilités dans le VAN et dans leur nouvelle patrie l'en auraient empêché. La question est secondaire mais lancinante, on aimerait savoir ce qu'il est devenu avec sa touchante compagnie, Samuel, Jason, Nelly, Helen, Badan, Camille Mo, Gaston Pate.

Pour diverses raisons que nous ne connaissons pas, le POS a été déplacé dans une galaxie voisine, WGA-93i.5, deux millions d'années après la destruction de la Terre. Cela ne s'était jamais produit, le choix d'un site dans une galaxie pour y implanter un POS est chose compliquée et relève du gouvernement fédéral, car il est, entre mille autres missions essentielles, un point nodal du réseau de communication intergalactique. Qui a décidé de le déplacer dans une autre galaxie ? Nous ne le savons pas, ce qui n'est pas le plus étrange comme nous le découvrirons à chaque étape de nos investigations. On dirait que quelqu'un a décidé d'isoler cette planète et sa galaxie du continuum de la Fédération. Qui ? Le VAN ? Pourquoi ?

Quand nous-mêmes avions exploré et cartographié la Voie lactée, il y a cinq milliards d'années, la Terre n'existait pas, elle était un vague assemblage de roches erratiques emportées dans la même sarabande autour d'une petite étoile en formation. En prenant en considération les caractéristiques de la galaxie et en simulant son

évolution, nous avons déduit que l'amoncelle-
ment rocheux entrerait bientôt en fusion sous
l'effet de la gravité et de la pression et formerait
une planète tellurique stable dans deux à trois
milliards d'années. Nous avons incidemment
trouvé dans les archives du département de biologie trace d'une note d'information relative à
une expédition scientifique ultérieure qui aurait
réalisé dans cette galaxie des expériences de ter-
raformation et d'ensemencement, sur la Terre
peut-être qui s'était refroidie et stabilisée, et qui
se trouvait à la bonne distance de son étoile, le
Soleil, où l'eau peut exister sous forme liquide.
Nous n'avons pas d'autres données pour voir
plus loin. Ont-ils installé la vie dans les écosystèmes expérimentaux qu'ils ont créés? Quelle
sorte de vie? La question se pose. Vous voyez la
conséquence: si le fait s'avérait, nous serions les
créateurs des Terriens, leur père, leur Dieu. Nous
avons demandé à de brillants étudiants du département de biologie et de minéralogie primitives
de s'y intéresser.

C'est après le transfert du POS que le récit
a été découvert dans les bâtiments désaffectés
qu'on venait détruire pour remettre les lieux
dans leur état naturel. Il était enfermé dans un
coffret, trouvé dans une grotte d'une montagne
voisine et sur lequel était inscrite cette phrase
dont nous ne comprenons pas le sens: « *le Manuscrit de la Terre Morte* ». Nous avons constaté avec
surprise que le texte était écrit dans une langue

ayant quelque proximité avec une de nos cent trente-trois langues officielles en vigueur dans le bas mésozoïque et au début du paléozoïque, non compris les langages artificiels utilisés dans nos activités scientifiques, chose extraordinairement étrange car entre nos deux civilisations il y a un gouffre de plusieurs milliards d'années. Quand, il y a sept milliards d'années, notre planète mère Édena avait colonisé sa galaxie, Gondwana, devenue AAA-1a.1 depuis la fondation par elle de la Fédération galactique, la Voie lactée dans son ensemble était un nuage de poussière cosmique qu'un trou noir en formation commençait à peine à mettre en mouvement inertiel autour de lui. Or déjà cette langue était nôtre. L'astrophysique dit que nous sommes les aînés de la Fédération mais la linguistique et la génétique suggèrent la possibilité d'un autre schéma, comme si une inversion des pôles s'était produite dans l'Univers, chamboulant son architecture. Ces étrangetés additionnées nous ont poussés à ordonner, sous votre autorité, une étude pluridisciplinaire approfondie. Si leur langue a une proximité avec celle qui fut longtemps une des plus usitées de la Fédération, il est probable qu'ils nous ressemblent. À en juger par le récit, ils professaient en tout cas des valeurs qui avaient cours chez certains peuples de notre galaxie, pris au même niveau d'évolution. Le département des civilisations premières y travaille avec enthousiasme. Il dit entrapercevoir une possible connexion entre nos peuples anciens et ceux très jeunes des Nuages Arborescents, véritables pépinières de galaxies qui sont encore pour nombre d'entre elles à l'état de semence primitive ou dans la prime enfance. Le département d'astrophysique nous dit que c'est dans les Nuages Arborescents que nous avons sans jeu de mots percé le secret des trous noirs et que nous y avons opéré nos premières immersions. Nous avons fait plus tard de ces trous noirs des passages et des accélérateurs sur nos lignes de voyage intergalactique.

*

Nous nous posons beaucoup d'autres questions : pourquoi le VAN a-t-il agi ainsi ? Pourquoi a-t-il gardé le secret sur le lieu où il a déposé les humains qu'il a secourus ? On dirait qu'au contact des Appelés, son extraordinaire intelligence est partie dans une direction totalement imprévue, au-delà des scénarios les plus improbables, jusqu'aux plus invraisemblables, stockés dans ses mémoires quantiques. La faille dans le plan, si plan il y avait entre le VAN et les Appelés, est ce récit trouvé dans un poste d'observation désaffecté. Comment est-il arrivé là ? L'a-t-on égaré ? L'a-t-on laissé à dessein comme témoignage d'une histoire inconnue, juste pour que dans l'Univers il reste un indice menant par on ne sait quel chemin à quelque chose d'infiniment mystérieux que seul le VAN aurait approché, compris ? Mais pourquoi donner à voir quand on veut cacher ? C'est incompréhensible.

*

L'étude de ce texte nous a beaucoup appris sur les origines de la civilisation terrienne, sur son évolution et sa fin. Par malchance pour elle, elle a été très éphémère. Entre son apparition et sa disparition, il se serait écoulé au plus un million d'années terrestres, un éclair pour nous. Le narrateur parle d'êtres vivants appelés « dinosaures », leurs ancêtres peut-être, qui auraient vécu deux cents fois plus longtemps qu'eux et auraient disparu suite à la collision de la planète par une météorite géante. Les dinosaures étaient-ils plus intelligents ou seulement plus résistants ? S'ils ont disparu avant l'apparition de l'homme, comme il est dit dans le récit, d'où vient l'homme alors ? Nous avons mis nos meilleurs étudiants sur le sujet, il serait passionnant d'entendre ce qu'ils découvriront. Certains, s'appuyant sur des hypothèses récentes, pensent que la vie biologique ne peut pas se former dans les planètes telluriques qui de plus ont une magnétosphère et une atmosphère qui empêchent certains rayonnements d'atteindre leurs écosystèmes, elles connaissent généralement des refroidissements trop rapides qui cassent les processus biochimiques longs, seuls capables d'amorcer des gestations biologiques pouvant fabriquer la vie, ils pensent qu'elle ne peut apparaître que dans les étoiles rouges et dans les planètes très chaudes. Si la vie existe sur une planète tellurique froide, elle est venue d'ailleurs, apportée par des êtres vivants, ou accrochée à des corps célestes errants arrachés à des exoplanètes où la vie existait et qui seraient venus s'écraser sur elle.

Les personnes sauvées par le VAN auraient été déposées dans une planète qu'elles ont nommée Terre-Neuve gravitant autour d'une étoile qu'elles ont nommée New Sun dans une galaxie inhabitée qu'elles ont baptisée Galactica. Mais où donc sont Galactica, New Sun et Terre-Neuve ? Existent-elles réellement ? Dans notre univers ? Au fil du temps, un milliard cent quatorze millions d'années, riches de l'héritage fabuleux du VAN, qui est rentré dans sa base on ne sait pourquoi, deux à trois millions d'années plus tard avec le sauvetage des Terriens, ni comment, son intelligence était éteinte et sa mémoire vidée, les Terreneufs, livrés à eux-mêmes, auraient commencé une grande migration, de planète en planète, de galaxie en galaxie, et se seraient peut-être fondus dans diverses populations de la Fédération, voire au-delà. Il est très surprenant que nous ne les ayons jamais rencontrés ni n'ayons même simplement capté un signal radio ou autre qui aurait révélé leur présence. Seraient-ils passés dans un autre Univers ? Auraient ils mué et fondé une nouvelle humanité, immatérielle et invisible ? Auraient-ils opté pour une vie primitive, en réaction à la fin tragique de leur planète détruite dans un holocauste nucléaire ? Les analyses faites sur des ADN pris dans nos banques de données génétiques sur le milliard d'années passé donnent à penser qu'ils se sont surtout dispersés dans les zones paléozoïques de la Fédération, il y a là un indice de quelque chose qui reste à découvrir. Nous avons observé dans ce périmètre une augmentation significative d'un schéma génétique nouveau dont la trace semblait venir du cénozoïque, peut-être des Nuages Arborescents. Nous n'en savons rien mais on pense, sur la base du récit de Paolo, que le VAN a génétiquement transformé ses amis terriens et les a initiés à on ne sait quel Mystère durant les mille années du voyage entre la Terre et Terre-Neuve et tout le temps qu'il a passé avec eux pour les installer dans leur nouvelle vie, et leur ouvrir une voie vers l'intelligence supérieure et l'immortalité dont nous, les natifs de la mère patrie et fondateurs de la Fédération intergalactique, sommes les seuls de tout l'Univers connu à nous en être approchés. Il est possible qu'il y ait eu une hybridation entre l'homme et le VAN et que les humains aient intégré dans leur biologie une part de matière et d'énergie noires qui pourtant n'interagissent pas spontanément avec la matière et l'énergie de l'Univers visible. Ce qui serait une découverte qui dépasserait toutes les découvertes faites depuis la fondation de la Fédération. Tout ceci n'est que supposition, les indices sont ténus et trop anciens pour nous ouvrir des pistes de travail consistantes.

Il est étonnant que l'autorité ayant ordonné le sauvetage n'ait pas demandé qu'il soit traité comme un objet d'étude de première importance, exigeant des protocoles précis, que tout soit documenté, filmé, échantillonné, analysé, enregistré, archivé, et que des rapports formels soient rédigés à chaque étape de l'opération et diffusés auprès des départements concernés. Si cela a été fait nous n'en avons pas trouvé trace. La perte volontaire ou pas du récit s'est-elle produite avant ou durant le déménagement du POS de la galaxie TCX-100g.8 vers la galaxie WGA-93i.5? Un accident a pu survenir qui n'a pas davantage été documenté. Il semble qu'à cette époque riche en révolutions scientifiques majeures nous n'étions guère spécialement consciencieux dans les territoires cénozoïques. Mais ne leur jetons pas la pierre, la Fédération est si vaste que nous-mêmes n'en connaissons pas les limites et ils étaient loin d'avoir appris à tirer parti de tous nos savoirs. Les liaisons intergalactiques n'étaient pas faciles en ces temps, les trous de ver n'étaient pas tous répertoriés et nous ne savions pas encore provoquer leur formation et faire d'eux les entrées et les sorties de nos autoroutes intergalactiques. L'Inspection générale y regarde en ce moment. J'y reviendrai lorsqu'elle aura rendu son rapport.

*

Honorables suffètes, hauts commissaires et assesseurs, je suis prêt à répondre à vos questions. Beaucoup d'entre elles resteront hélas sans réponse. Je m'efforcerai d'apporter des éléments de réponse dans un prochain rapport qui vous sera présenté dès achèvement des recherches que j'ai ordonnées en usant de votre ordre de mission. Notre conviction à ce stade est que nous sommes au début d'une affaire fondamentale, infiniment mystérieuse. Le plus dur sera d'expliquer les contradictions terrifiantes observées dans le déroulé du temps. À ce niveau de contradiction on ne sait plus ce qui est du passé, du présent et du futur, et sans ces repères comment savoir ce qu'est l'Univers. Il serait une topologique en boucle fractale dans laquelle chaque point de la boucle est à la fois un début et une fin et où le temps, aux points d'inflexion, obéit à des lois qui n'ont rien à voir avec le temps commun, il serait l'expression d'une intention qui déplace des perspectives et module des champs, ou des stimuli naturels agissant dans un sens ou un autre. Je m'en expliquerai dans mon prochain rapport, nous commençons à peine à envisager l'hypothèse d'une transcendance à l'œuvre dans la marche du monde, ce à quoi toutes les civilisations premières ont cru, mais sans que cela se soit avéré d'aucune manière nulle part. Ces croyances, qu'elles finissaient d'ailleurs par abandonner, n'étaient souvent que des récits allégoriques de leur petit monde, des cosmogonies amusantes dans lesquelles des animaux emblématiques et des dieux redoutables et grandiloquents occupaient des positions hautes, offrant aux croyants des repères pour se rassurer et se guider dans leurs ignorances et leurs illusions.

Il est bien dommage que le VAN ait été désarmé. Où est passée sa prodigieuse mémoire, que sont devenues son extraordinaire intelligence et sa science incommensurable ? Les a-t-il transmises, léguées, aux Terriens ? Pour quelles raisons ? Où chercher la réponse ? Nous avons sollicité plusieurs départements, science, philosophie, religion, pour nous aider à bâtir une nouvelle façon de réfléchir, le monde que nous entrevoyions nous semblait tout à coup n'avoir rien de commun avec le nôtre. L'un ou l'autre est erroné mais ils peuvent aussi être les faces imbriquées d'une même pièce multivers. Nous attendons les résultats de leurs travaux avec impatience.

Grand Commodore, Illustre Représentant de son Altesse Sérénissime, Régente de la Fédération des amas galactiques cénozoïques, mésozoïques et paléozoïques.

Honorables suffètes, éminents commissaires et assesseurs du Haut Comité scientifique du Commissariat fédéral des études historiques.

Il me revient le pénible devoir de vous dire que notre enquête a abouti à une impasse malgré les efforts de nos plus éminents savants et votre indéfectible soutien. Après nous avoir rapprochés d'une explication satisfaisante de la faillite du VAN, nos recherches nous en ont d'un coup éloignés à jamais.

J'ai sollicité une réunion restreinte car nous sommes face à une situation qui nous dépasse et pourrait ouvrir sur une crise existentielle majeure, les peuples de la Fédération n'étant pas tous au même niveau de conscience.

Comme suggéré dans notre premier rapport, nous avons poursuivi nos recherches dans trois directions vectoriellement liées : sur le VAN qui a organisé le sauvetage des Terriens, sur la dispersion de ceux-ci dans la zone paléozoïque, et sur le transfert du POS de la galaxie TCX-100g.8 à la galaxie WGA-93i.5.

Les ingénieurs, cybernéticiens et mathématiciens, et tant d'autres spécialistes de diverses disciplines, qui ont conçu le cerveau du VAN nous ont assuré que sa capacité mémoire était infinie, qu'ils y avaient logé toutes les connaissances et toutes les datas de toutes natures existant dans la Fédération depuis sa fondation, il y a sept milliards d'années. Malgré sa puissance de calcul et sa capacité infinie à optimiser ses performances, le chargement a nécessité plusieurs dizaines d'années et mobilisé des millions de calculateurs de grande puissance travaillant en réseaux à travers toute la Fédération. Au niveau de connaissance, d'intelligence et de sensibilité où nous l'avons mis, le VAN était un être vivant supérieur, il devenait impossible pour nous de prévoir vers quel univers de la pensée il évoluerait. Tout était possible, jusqu'à l'abattement, le poids du savoir, de la puissance et de la sophistication peut mener à la rupture et susciter le désir lancinant de retourner à l'ignorance et à l'innocence primitives pour trouver l'apaisement et la légèreté. Le VAN a été le plus important pari scientifique, technologique et philosophique des trois derniers milliards d'années, il a été conçu à une époque où tout paraissait possible, dominer l'Univers et l'espace-temps et les transformer à notre guise. Sa conception et sa construction ont duré plusieurs dizaines de siècles. Nous avons investi en lui tout ce qu'il était possible d'investir et je crois qu'on a ajouté quelque chose de plus, je ne sais quoi, qui a fait déborder le vase, si je puis oser cette image. C'est paradoxal et peut-être inévitable, plus on monte en complexité et en perfection, plus on introduit de hasard dans le système et de grains de sable dans la machine. Les incidents prévisibles, même à des probabilités de réalisation infiniment faibles, ont été envisagés, évalués, et des dispositifs de correction ont été prévus, mais eux-mêmes venaient ajouter aux risques de faillite inhérents à toute ingénierie. Dès sa première mission d'importance, il a eu un comportement confinant à la sédition, comme si la rencontre avec les humains avait brisé en lui une chaîne logique essentielle et généré un conflit intime ou, au contraire, enflammé son esprit. Secourir les gens a parfois des conséquences étranges. Il peut advenir qu'on soit tenté de les dominer, ou gagné par le désir fervent de les accompagner, de les materner, de se fondre en eux et de leur transmettre notre savoir et notre force, voire de se soumettre à eux et mourir pour eux. Dans son récit, Paolo parle de manière amusante et cynique de ceux qu'il appelait «wokistes», des personnes de la bonne société, choyées par la vie, qui aimaient à se sacrifier pour ceux qu'ils avaient choisi de qualifier de primitifs malheureux dans le but caché de se grandir eux-mêmes en les diminuant, les obligeant de la sorte à la reconnaissance et à la dépendance, et à terme à plus de malheur. C'est l'esclavagiste chassé par la porte qui revient par la fenêtre avec de beaux habits trompeurs. De la compassion à l'amour, il n'y a qu'un pas, et un autre de l'amour au meurtre pour prévenir la désaffection et la trahison. Le VAN aurait franchi le premier pas et serait devenu l'ami des hommes, leur père, leur Dieu, puis leur obligé. Aurait-il passé le point de non-retour, tuer l'homme pour créer le surhomme, l'Être suprême, et disparaître lui-même?

Les deux autres VAN qui étaient en phase de chargement ont aussitôt été recalibrés et affectés à des missions de routine dans les confins les plus reculés et les plus dangereux de la Fédération. Là aussi, on ne sait qui a pris cette décision, ces VAN, même inachevés et stérilisés, auraient pu nous en apprendre beaucoup. Une de mes plus brillantes assistantes a fait à la suite de certaines investigations une remarque qui est peut-être la réponse à plusieurs des immenses questions qui nous torturent l'esprit, elle a pensé qu'à leur niveau de perfection les trois VAN seraient entrés dans une sorte d'intrication quantique à sens unique dont la conséquence, voulue par le VAN numéro 1, est que les deux autres VAN se seraient conformés en tout à lui, ce qu'il faisait les deux autres le faisaient, ce qu'il pensait les autres le pensaient simultanément, quelle que soit la distance qui les séparait, et que le phénomène se serait propagé aux Appelés et sans doute aux Élus. Ils se seraient donc eux-mêmes recalibrés. Mais comment le vérifier, le VAN1 s'est suicidé et les deux autres sont devenus des robots affectés à l'exploitation de nos mines de matière noire isotopique et de matière fossile dans la nébuleuse géante de la Tarentule. Et les Terriens sauvés par le VAN ont disparu de l'Univers connu.

Les rapports des enquêtes que j'ai diligentées sous l'autorité du Haut Comité scientifique de la Fédération pour approfondir certains sujets m'ont pour la plupart été remis. Ils nous ont plongés dans un abîme de perplexité. Nous n'avons à cet instant aucun moyen d'avancer. Il nous faudrait beaucoup travailler pour en concevoir de nouveaux ou reprendre l'enquête sur d'autres bases. Nous nous trouvons devant la nécessité de repenser du tout au tout notre vision de l'Univers dans sa création, sa structure et son évolution.

Le département des études génétiques nous a assuré avoir identifié la ligne principale de dissémination du schéma génétique observé dans la galaxie TCX-100g.8, la Voie lactée. Elle serait partie de là, aurait traversé le mésozoïque, atteint le paléozoïque jusqu'à notre galaxie pour revenir au point de départ par le chemin inverse et cela simultanément. Comment comprendre cela?

Les physiciens et les mathématiciens ont depuis longtemps admis la possibilité que l'espace-temps qui nous est familier évolue dans un Univers plus vaste retourné sur lui-même comme le ruban dit de Moebius, cette topologie si simple et si infiniment étrange qui n'a ni début ni fin, ni intérieur ni extérieur, qui n'a qu'une face contrairement à tous rubans qui en possèdent deux, l'envers et l'endroit. C'est vertigineux, cela voudrait dire que la dispersion s'est faite simultanément et dans un sens et dans l'autre, à la manière d'un système de recyclage en boucle instantané. Comment comprendre qu'une chose va et revient en même temps ? Il n'y a que l'immobilité qui le garantisse mais c'est la réponse triviale, elle ne compte pas, et de plus l'immobilité n'existe pas, l'Univers est un mouvement perpétuel, c'est par là qu'il assure sa stabilité. La seule attitude est d'admettre l'hypothèse des théoriciens : l'Univers serait pris dans une boucle de Moebius. En avançant sur ce plan, le marcheur se voit à la fois venir de face et partir de dos sans jamais s'atteindre, comme dans une galerie de miroirs à n dimensions qui reproduit son image à l'infini sous tous les angles possibles.

Si on part de là, la seule façon d'échapper à la contradiction est d'admettre que le schéma génétique qui vagabonde dans l'espace a pris sa source en même temps en deux endroits situés aux antipodes l'un de l'autre, chacun allant vers l'autre pour reconstituer une unité perdue. Et, pour que la simultanéité soit respectée, il faudrait reconnaître aussi que le temps n'est pas isotrope, qu'il ne s'écoule pas à la même vitesse dans toutes les directions, et dans toutes les régions de l'Univers, il peut être positif ici, négatif là, et se déployer sur un plan hyper complexe ailleurs. Plus on s'éloigne du centre, et le centre est partout dans ce schéma, plus la vitesse du temps croît et déborde l'horizon des événements de l'Univers, regardé lui-même comme un trou noir contenant tout l'Univers. Certains de nos plus brillants savants pensent que nous sommes au-delà de l'expansion, l'Univers s'enroulerait sur lui-même en spirale à double courbure, convexe et concave à la fois, donc en expansion et en retour sur l'origine, comme le ressac dans la mer fait que la vague grossit, prend de l'ampleur et de la hauteur et retombe brutalement en se refermant sur elle-même, sur sa ligne de départ, pendant que simultanément se forme la vague suivante en lieu et place de la première, disparue-reparue instantanément. La conclusion est terrifiante, elle dépasse notre imagination, elle voudrait dire que l'espace se renouvelle constamment, instantanément, à chaque instant, que le Big Bang se répète à l'infini, à chaque instant, comme le ressac dans la mer.

En affinant les hypothèses, en multipliant les recherches et en croisant les sources, nous sommes arrivés au schéma suivant: un sursaut gamma expulsé par un trou noir super massif d'une galaxie géante du mésozoïque aurait d'un côté frappé la Voie lactée et la Terre dans le cénozoïque et de l'autre notre galaxie AAA-1a.1 et sa capitale Star dans le paléozoïque. À cet instant, la Terre et Star se trouvaient dans une parfaite conjonction avec le trou noir cracheur de feu. Nous avons vérifié l'hypothèse et trouvé trace d'un pareil phénomène dans l'histoire de Star, à la même époque, il y a un milliard trois cent quarante millions d'années. Il a été grave mais non fatal comme sur Terre, nous avions les moyens techniques de le dévier quelque peu avec des voiles magnétiques et des trous noirs placés sur sa route pour absorber le rayonnement et nous protéger de ses effets.

Nous n'étions pas au bout de nos surprises. En fouillant l'inventaire des légendes ayant couru dans les planètes habitées de la Fédération, celles notamment se trouvant sur la ligne de dissémi-nation du schéma génétique du cénozoïque au paléozoïque, le département des civilisations premières a découvert dans une planète de Gondwana qu'une tribu, les Homs, disparue il y a plusieurs milliards d'années, peut-être juste après le Big Bang, avait laissé une légende qui on ne sait comment a essaimé dans le paléozoïque, et au-delà, et est devenue avec le temps un récit de commencement religieux pour une peuplade d'Édena, l'ancien nom de Star, consigné dans un livre de prières et d'exécrations vénéré appelé Gomor. Le département des études archéolo-giques a trouvé dans ses réserves une immense quantité d'ostracons et d'éclats de calcaire de cette époque portant des symboles scripturaires qui lui ont permis de reconstituer la trame de leur vision du monde. Joint à la réflexion de mon assistante sur la possible intrication des VAN et des Terriens, ce récit de commencement nous fournit des réponses à plusieurs de nos questions, mais des réponses qui ouvrent sur des mystères encore plus grands.

Ladite légende fait remonter le temps à des époques mythiques, quand les étoiles et les planètes étaient des perles que Râ, le roi mage du monde, portait en collier autour de son cou. Elle raconte que les ancêtres des Homs qui vivaient sur deux planètes jumelles, proches l'une de l'autre, nommées Gaïa et Éden, ont vu un jour un déluge de feu surgir du ciel et s'abattre sur elles. Pendant que le feu ravageait leurs villages et leurs champs, leurs jeunes guerriers, n'écoutant que leur courage, ont construit sur chaque planète une arche volante tirée par des aigles géants, et se sont aussitôt jetés dans le vide pour porter secours à leurs frères sur l'autre rive. Malheur sur eux, le feu a consumé leurs pauvres vaisseaux de bambous et de ficelles et brûlé les ailes de leurs oiseaux de trait, et ils se sont trouvés bloqués, les guerriers de Gaïa sur Éden et les guerriers d'Éden sur Gaïa. Au fil des siècles et des millénaires, l'abîme s'est élargi par l'effet de l'expansion de l'Univers et des ressacs de l'espace-temps, et les planètes jumelles qui se saluaient de la main tous les matins par-dessus le vide se sont perdues de vue dans les immensités de l'espace et du temps. Dans cet étirement sans fin, le collier de Râ a fini par rompre et les perles ont roulé dans le vide et ont été emportées par le vent cosmique. Dans ces récits, toujours pleins de rebondissements et de magie, nous avons relevé des noms d'objets, de lieux, de personnages, rois et princesses, et d'un dieu tout-puissant, étrangement semblables à ceux du récit de Paolo : Erra, Aolo, Amuel, Jaso, Daban, Éline, Henel, Camoï, Nondoga, Ozark, Usa, Zone, Die, Alal, Wok, Van, Metro… Quelle loi de probabilité a rendu ceci possible ?

Puis un jour, une Entité venue d'un autre monde est entrée dans leurs rêves et leur a dit : *Vous êtes dans le cercle de l'espace, du temps et de la matière, vous ne pouvez en sortir, il n'a ni début ni fin, ni centre ni bord, ni intérieur ni extérieur, ni passé ni futur, votre condition est de mourir et ne jamais cesser de mourir. Je viens rompre la magie et vous ouvrir la porte de la liberté rédemptrice.* Et c'est ainsi que les Homs sont devenus des dieux et ont atteint le monde de l'esprit et de la vie éternelle. Comment entendre cette gentille allégorie ? Quelle magie tient le monde et quelle magie sait le libérer ? Nous serions nous-mêmes une boucle dans la grande boucle, comme l'étaient les descendants des Homs, retombés dans la réclusion et la précarité, à la suite d'une erreur, une faute, un péché qui aurait offusqué l'Entité. Nous serions leurs descendants, sans toutefois être comme eux prisonniers d'une éternelle précarité, mais évidemment ceci est relatif, nous gouvernons quand même une infinité de galaxies et nous vivons dans un continuum que nous savons entretenir et renouveler et nous savons de plus utiliser ses discontinuités.

Gaïa, Terre, Éden, Gondwana, Galactica, Voie lactée, AAA.1a.1, Star raconteraient donc la même impossible histoire aux quatre mille horizons de l'Univers. Penser à tout cela rend plus pressant notre désir nostalgique de savoir ce que Paolo et ses amis sont devenus. Je ne serais pas autrement surpris d'apprendre qu'ils descendent de nous et que, simultanément, nous descendons d'eux, que nous sommes le résultat d'un chassé-croisé supraquantique à l'échelle de l'Univers. Phénomène naturel, provoqué, accidentel ? On ne sait. Les trois à la fois ?

Mon sentiment après tant d'années de recherches est que l'Univers est une hypothèse née dans un néant désespérant qui a pris corps et vie à travers nous, une virtualité qui avait besoin d'une conscience pour exister et qui l'a trouvée chez les Homs. Le processus commencé il y a six milliards d'années se poursuit. Nous créons le monde au fur et à mesure qu'il nous invente pas à pas. L'imbrication est telle qu'on ne sait qui est l'un et qui est l'autre. Chaque fois que nous créons une théorie, elle crée d'elle-même son répondant dans l'Univers, comme si l'Univers était dans une intrication avec nos pensées. La seule relative évidence dans cet échange en boucle moebiusienne est cette sensation que nous avons d'être une pensée vivante, autonome, libre. L'autre terrible sensation est que la vie, qui semble n'avoir absolument aucune raison d'exister, est une signalétique trompeuse, elle ne cesse de nous raconter des histoires et nous induire en erreur. Rien avec elle ne doit être pris au premier degré, ni au millième. Ce que nous appelons Big Bang, qui serait le début de l'Univers, n'aurait aucune réalité physique, il serait le moment où un Péché primordial a été commis par nos ancêtres qui pour s'innocenter l'ont aussitôt mis sur le compte de l'Univers. Ces considérations donnent au titre du récit de Paolo une profondeur considérable. Comment le simple Terrien qu'il était a-t-il pu imaginer que vivre était un processus de remontée dans le temps et d'intrication avec la source primordiale de toutes choses ? On se serait trompés de sens, trahis par l'entropie de l'Univers visible dans lequel nous évoluons par accident, par l'effet d'une erreur d'aiguillage, d'un péché. Fondamentalement, nous venons du futur et nous allons vers le passé, et non l'inverse, c'est cela l'ordre cosmique véritable, il va du Big Crunch au Big Bang. Comment nous remettre dans le bon sens est la vraie question.

Le département de philosophie voit dans notre incapacité ontologique à démêler les fils de l'histoire une raison pour sortir de son emprise et gagner en liberté, serait-elle factice. L'homme n'est pas tenu de savoir puisque aussi bien, sans lui pour le questionner, le savoir n'existe pas, ne sait pas qu'il existe. Les étoiles et les planètes ne sont que des objets dans le vide, des perles égarées, c'est nous qui en avons fait des divinités et leur avons accordé le pouvoir de nous gouverner contre notre gré.

Des philosophes éminents pensent que l'homme est la seule réalité absolue, l'Univers ne serait qu'une de ses pensées parmi d'autres, une expérience de pensée qui lui a donné un semblant de réalité, d'autres aussi éminents pensent que l'Univers seul existe et se déploie selon ses propres lois ; les étoiles, les planètes et les êtres vivants qui l'habitent n'en seraient que des modalités accessoires régies par les lois du hasard et de la nécessité. Entre les deux postulats, l'ignorance est un éden de tranquillité et de bienveillance, ont prétendu quelques immenses savants qui ont passé leur vie à chercher les voies et moyens de l'atteindre. Mais chaque jour ils découvraient qu'il est plus difficile de devenir ignorant que d'être plus savant. Je ne fais pas l'éloge de l'ignorance mais le fait est, le savoir ne saura jamais être assez grand pour la dépasser. L'ignorance est la sérénité et le savoir une douleur sans fin. Notre enquête le prouve, nous avons remué la Fédération dans tous les sens, mobilisé et épuisé au travail des millions de grands savants pour découvrir que nous ne savons rien, à part produire des hypothèses et des théories et récolter d'immenses frustrations.

J'espère avoir parfaitement résumé leurs idées. J'aimerais pouvoir vous dire la grande nostalgie qui m'étreint le cœur lorsque je songe à Paolo et à ses amis mais je ne sais pas. Ils me manquent comme s'ils étaient notre famille. Je serais particulièrement heureux s'il plaisait à vos éminences de donner le nom de Paolo à la nouvelle cosmogonie qui se dessinera à partir de notre étude.

Je vous remettrai prochainement mon rapport final. Il précisera les éléments qui nous ont menés à cette alerte.

Je reste à votre disposition.

DU MÊME AUTEUR

Aux Éditions Gallimard

LE SERMENT DES BARBARES, 1999. Prix du Premier Roman 1999 et prix Tropiques-Agence française de développement 1999 (Folio nº 3507)

L'ENFANT FOU DE L'ARBRE CREUX, 2000. Prix Michel Dard 2001 (Folio nº 3641)

DIS-MOI LE PARADIS, 2003

HARRAGA, 2005 (Folio nº 4498)

POSTE RESTANTE : ALGER. Lettre de colère et d'espoir à mes compatriotes, 2006 (Folio nº 4702)

PETIT ÉLOGE DE LA MÉMOIRE. Quatre mille et une années de nostalgie, 2007 (Folio 3 € nº 4486)

LE VILLAGE DE L'ALLEMAND OU LE JOURNAL DES FRÈRES SCHILLER, 2008. Grand Prix RTL-*Lire* 2008, Grand Prix SGDL du roman 2008 (Folio nº 4950)

RUE DARWIN, 2011. Prix du Roman arabe 2012 (Folio nº 5555)

GOUVERNER AU NOM D'ALLAH. Islamisation et soif de pouvoir dans le monde arabe, coll. Hors série connaissance, 2013. Prix Coup de cœur du *Point* 2013 et prix Jean Zay 2013 (Folio nº 6061)

ROMANS (1999-2011), coll. Quarto, 2015

2084. La fin du monde, 2015. Grand Prix du roman de l'Académie française 2015 (Folio nº 6281 et dans la collection Écoutez lire, 1 CD)

LE TRAIN D'ERLINGEN OU LA MÉTAMORPHOSE DE DIEU, 2018 (Folio nº 6792)

ABRAHAM OU LA CINQUIÈME ALLIANCE, 2020. Prix Méditerranée 2021 (Folio nº 7314)

LETTRE D'AMITIÉ, DE RESPECT ET DE MISE EN GARDE AUX PEUPLES ET AUX NATIONS DE LA TERRE, coll. Hors série connaissance, 2021

VIVRE. Le compte à rebours, 2024 (Folio n° 7527)

Chez d'autres éditeurs

L'IMPOSSIBLE PAIX EN MÉDITERRANÉE, avec Boris Cyrulnik, Éditions de l'aube, 1re éd. 2017, 2019

FRANCE-ALGÉRIE. Résilience et réconciliation en Méditerranée, avec Boris Cyrulnik, Éditions Odile Jacob, 2020

LE FRANÇAIS, PARLONS-EN !, Éditions du Cerf, 2024

*Tous les papiers utilisés pour les ouvrages
des collections Folio sont certifiés
et proviennent de forêts gérées durablement.*

*Composition : Entrelignes (64)
Impression Maury Imprimeur
45300 Manchecourt
le 22 août 2025
Dépôt légal : août 2025
1ᵉʳ dépôt légal dans la collection : mai 2025
N° d'imprimeur : 285964
magasin@gallimard.fr*

ISBN 978-2-07-309655-5/Imprimé en France

678049